中学校理科サポート

コツ がわかれ

うまくいく！

利三 著

中学校理科の

観察・実験

明治図書

まえがき

「本に書いてある通りに準備して実験しても，うまくいかない！」

本書のスタートは，このような私のつまずきでした。

考えてみれば，うまくいかないのは無理もないことで，料理の分野でも，レシピ通りに作っておいしくなるとは限りません。私は料理の専門家ではありませんが，おそらく試行錯誤の中で微妙なコツなどがわかってくると，おいしく作ることができるようになるのではないかと思います。

観察・実験にも，料理に似ている部分があって，**コツを知っているのと知らないのとでは，結果に大きな差が出ます。**実験の準備につまずいた私も，試行錯誤（失敗の方が多いです）を長い時間繰り返し，いくつかわかってきたことがありました。

しかし，コツがわかったとき，「もっと早く気づけばよかった」「この材料なら目の前にあったのに」というのが正直な気持ちでした。発見の喜びよりも，気づかなかった後悔の方を大きく感じました。本来，教材研究を進める中で発見したり，成し遂げたりしたときには，もっとうれしい気持ちになると思っていましたが，自分でも意外な感情に困惑しました。そこには，もっと楽しく教材研究をしたいという思いがありました。

そのとき，**「車輪の再発明」**という言葉に出会いました。「すでに発明されていることを知らないと，遠回りをしてしまう」ことを言うそうです。もしかしたら，各学校の理科準備室でも先生方が同じように苦労して，同じことを「再発明」しているのではないかと感じ始めました。

そのとき，すでにわかっていることを共有すれば，車輪の再発明（気づかなかった後悔）を防ぐことができるのではないかと考えました。そして，わかっていることの「その先」を多くの人で研究すれば，教材研究で発見の楽しみを味わうチャンスが増えると思いました。

そこで，自分にもできることを考え，1995年8月15日にウェブサイト
「This is の田」（http://shinzo.jp）
を立ち上げました。

　最初は，教材研究を通してわかったコツなどを写真とともに，少しずつアップロードしていきました。すると，情報を発信することで，逆に情報が集まるようになりました。私のウェブサイトをご覧になった方からメールをいただくようになったのです。そのご指摘の中に，貴重なアドバイスやヒントが多く詰まっていました。

　私一人の力ではなく，周囲の方々のご指摘がきっかけとなって生まれたアイデアがたくさんあります。そういったコツを少しでも共有できるようになればと，現在もウェブサイトを少しずつ更新しています。

　その中で，本書を執筆させていただく機会をいただきました。

　最初は，ウェブサイトの内容をダイジェスト形式で紹介する形を考えていましたが，原稿を進めていくうちに足りない部分や，すでに古くなってしまった記述を多く発見しました。写真を撮り直したり，文を書き直したりと，かなり手を加えることになりました。ウェブサイトをもっと更新しなければならないと感じました。

　「オリジナルにこだわるよさ」もありますが，観察や実験でうまくいかない理由を最初から考えていると，大変な時間がかかります。もともと理科の分野には，先人が発見・発明したことを受け継ぎながら，後生の私たちが新しいものを考えてきた長い歴史があります。**すでにあるものを取り入れること**は，理科の世界では普通のことと考えます。

　本書のコツをもとに，さらに新しいものが生まれてくれば幸いです。

次に，本書の内容ですが，執筆にあたって次の３つのことを大切にしました。

　１つめは，観察・実験を通して生徒が「わかる・できる」ことを体験するため，観察・実験で**「つまずきやすい部分」に焦点を当てて紹介すること**です。

　生徒は座学よりも，観察・実験などの活動を好む傾向があります。しかし，楽しみにしていた活動でつまずくと，理科から遠ざかってしまいます。例えば，時間内に期待しているものを顕微鏡で見つけられなかったり，他のグループと結果が違うことで「実験失敗」という言葉とともにあきらめてしまったりする場面を見かけます。

　やはり理科の授業では，観察・実験ではっきりとした結果を得ることが大切です。これができれば，達成感を得て，結果からスムーズに考察を行えます。すると，問題解決に必要な思考力も少しずつ身についていきます。

　そこで，観察・実験での失敗が起きやすい部分をいくつか洗い出しました。特に私が失敗して苦労した例を挙げると，オオカナダモ（水草）の葉やタマネギの根を使って行う生物分野の顕微鏡観察です。

　「生物教材は，扱う生き物の個体差が大きいから，うまくいかなくてもしかたない」
としてしまえばそれまでです。

　しかし，観察のコツをしっかり押さえればスムーズにできることがようやくわかってきました。

　理科の観察・実験は，「実技」の要素があります。スポーツや芸術などの実技では，練習を長年積み重ねた人だけが良い結果を残すことができます。また，実技の見本を見て，生徒がすぐにまねのできない部分も多くあります。

一方，観察・実験では「再現性」が重要ですので，経験を積み重ねた人だけでなく，生徒全員が良好な結果を残すことが要求されます。顕微鏡やガスバーナーなど，ある程度の「慣れ」が必要な部分もありますが，原則として，誰がやってもうまくいく方法や条件が大切になります。そのポイントを押さえれば，後は自然の法則に従って良好な結果と共に「成功体験」が得られます。

　２つめは，生徒が理科と日常生活とのつながりを体験から学びとれるように，**身近な素材を使ったコツを紹介すること**です。
　そのため本書では，コツと共に，自作教具をたくさん取り上げました。市販の実験器具には大変秀逸なものが多くあり，そのまま使えば授業は無難に進みます。しかし，そのような実験器具は高価なものが多い傾向にあります。生徒が受け身ではなく，自主的に実験を進めていくためには，１人１実験やグループ実験を行いたいところです。そこで，教具の数を安価に揃えるために「自作する選択肢」があります。
　授業に自作教具を持ち込むと，生徒から「先生がつくったのですか？」と聞かれます。「そうです」と答えると，「はやく動かしてみたい」「自分も作ってみたい」と教具を自主的に使い始める姿が見られます。
　「自主的な学習をめざす」には，いろいろな方法がありますが，学習内容（未知の部分）と，生徒の日常生活（既知の部分）とをつなぐ教具が授業で準備されることが大切だと考えます。生徒が自分の未知の部分へジャンプするために，既知の部分を足場とする。観察・実験にそのようなイメージを持つことができればと思います。

3つめは，生徒が観察・実験の結果から考察を進めるときに，**「深めていく」コツを紹介すること**です。

　授業の失敗例として，教具を使うことが目的となる「教具に溺れる授業」を展開してしまうことがあります。教具が素晴らしく，また，結果がはっきり出ても，実験のやりっぱなしでは理科の授業になりません。結果をもとに考察する場面がなければ不十分です。

　そこで，生徒がより発展的な部分に思考を広げたり，学んだことを既知のものと関連づけたりしながら学習を深める場面が大切です。そのときのポイントを押さえることで，生徒はスムーズに思考を進めることができます。

　最後に，これまで行ってきた観察・実験の試行錯誤を振り返ると，私が多くの方々に支えられて，ここまで来ていることを改めて痛感致します。私のアイデアだけで，本書を執筆することはできませんでした。先輩方や周囲の方から教わったおかげで考えついたアイデアがたくさん盛り込まれています。「口頭で教わった部分」は，参考文献として掲載することができず申し訳ありません。

　生徒が観察・実験にスムーズに取り組み，理解を深めながら考察することを通して成長することを願い，まえがきとさせていただきます。

野田　新三

Contents

化学分野

生物分野

LED 光源を安価に自作

準備物：LED（詳細は後述），乾電池と電池ボックス，熱収縮チューブ，コイン電池，マグネットシート，100円ショップの双眼鏡（凸レンズを使用）など

　光の実験では，安全上の理由によりレーザーポインターを使わなくなってきました。また，豆電球の光源では部屋を暗くする必要があり，ノートなどに記録する場面では，不便さを感じます。

　そこで，レーザーや豆電球に変わる明るい光源として LED を使った教具が市販されていますが，高価ですので自作する方法を紹介します。

① レンズ内の光の道筋を観察する光源を作る

　右の写真のように，台形レンズ内の全反射など内部の道筋を観察しやすい LED 光源の作り方を紹介します。LED には製品によってそれぞれ「指向角」という角度があり，そ

の角度によって光の広がり方が変わります。そこで，スリットなどを使って光を絞ります。ここでは，LED に黒い「熱収縮チューブ」を被せます。熱収縮チューブは円筒形で，ハンダごてなどの熱によって収縮します。円筒の直径が小さくなり LED に密着することで細いスリットになります。LED の先から20mm 程度伸ばしておきます。

　右の写真は上が指向角の大きい LED，下が指向角の小さい LED です。指向角が大きいと，スリットを使っても広がってしまいます。指向角15°以下のものが本光源には適しています。

コツ！

　指向角が小さい LED を使うと，光の道筋がわかりやすくなります。

次に，作成手順です。

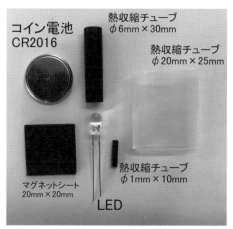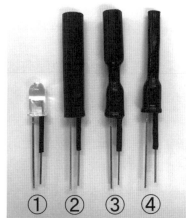

① LED の足の短い方（カソード）に絶縁被膜を被せる。これによりコイン
　電池の＋極と－極のショートを防ぐ。

② LED のスリット用に，φ6mm 長さ30mm の熱収縮チューブを被せる。

③ ハンダごてで熱収縮チューブを加熱し，LED と重なる部分から順に収縮
　させる。

④ 先端まで収縮させる（スリットの直径が約3mm になる）。光軸がずれて
　いる場合は手で直すことができる。

⑤彫刻刀で，マグネットシートに深さ1mm程度の溝を掘る。

⑥LEDの足の間にコイン電池を挟み，LEDの足の長い方（アノード）をマグネットシートと電池の＋極で挟む。

⑦外側に透明熱収縮チューブを被せて，ハンダごてで収縮させて固定する。

⑧完成。

② レンズ外の光の道筋を観察する光源を作る

　次に，実験台の上などに光の道筋を写し出せる光源の作り方です。凸レンズを使いますが，凸レンズは100円ショップなどで売られている双眼鏡や望遠鏡作成キットなどに含まれており，いろいろな製品から取り外して手に入れることができます。ここでは，トイレットペーパーなどの芯を使う望遠鏡キットに入っていた凸レンズを例にして紹介します。

　一般的なLEDの光は中心から少しずつ広がりますが，凸レンズの焦点の位置にLEDの光を置くと，凸レンズを過ぎた光がレンズに垂直に進みます。下の図（A）のように凸レンズの光軸にLEDを置くと，実験台の上に光が来ないので，（B）のように光軸からずらした位置にLEDを置きます。

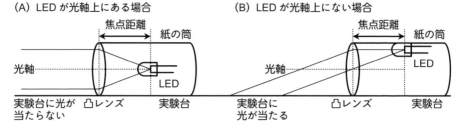

（A）LEDが光軸上にある場合

（B）LEDが光軸上にない場合

コツ！

　実験台の上に光の線を作る場合は，LEDを凸レンズの光軸からずらして使います。

　実際にLEDの光を白い紙の上に照らすと，次のようになります。

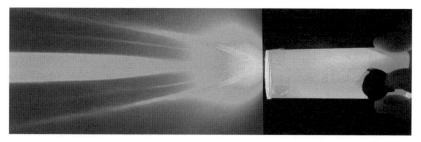

凸レンズに黒いビニルテープでスリットをつけると直線の光が得られます。

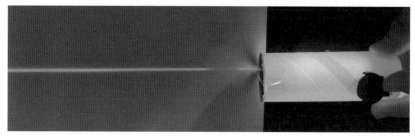

凸レンズに通すと屈折する様子が観察できます。実験室内の照明（蛍光灯）をつけた状態でも十分光の道筋が観察できます。

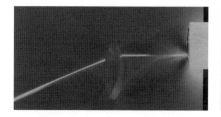

実験室の照明を消した状態（昼間）

照明（蛍光灯）をつけた状態（昼間）

Point!

❶ レンズ内の光の道筋を観察したい場合は，光の幅（指向角）が小さい LED を使って，熱収縮チューブなどの細い筒をスリットにする。

❷ レンズ外の光の道筋を観察したい場合は，光の幅（指向角）が大きい LED を凸レンズの光軸から外して使う光源を作る。

❷ 半円レンズや凸レンズを安価に自作

準備物：寒天，ビーカー，トレイ，定規，カッター，エタノール，市販のアクリルレンズ，型取り剤，UV レジンなど

　個別実験できるように LED 光源の数を揃えたら，レンズもほしいところです。しかし，光の実験で使うガラスやアクリルのレンズはとても高価です。個別実験が行えるように数を揃えるのは予算的に困難です。

　そこで，材料に寒天（ゼリー）や UV レジンを用いて，安価に自作する方法を紹介します。

① 半円レンズを寒天で自作する

　レンズの材料として最も安価なのは寒天でしょう。寒天はいろいろな種類が市販されており，濃度を調整すると，市販のスモークレンズ同様，寒天中を通る光の道筋が見えやすい状態になります。濃度については，寒天によってそれぞれ異なりますので，試行錯誤が必要です。

　次の写真は，寒天を固めるクリアケースの例と取り出した様子です。

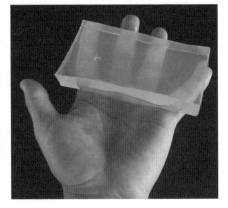

台形ガラスを自作するときは，底が平らなトレイなどに必要な厚さ分の寒天を流し，定規とカッターで切ると大量に作ることができます。

　寒天で作るレンズは，大変安価なところが利点です。しかし，授業で使う中で，床に落としたり強い力が加えられたりすると使えなくなります。予備のレンズを作っておくことが大切です。

② 寒天レンズを活用する

　一度作った寒天レンズを次の授業で使うためには，エタノールを寒天の表面にかけて，冷蔵庫保存する方法があります。1週間くらいならもちますが，使い捨てと考えた方がよいでしょう。

　半円レンズのカーブの部分を，カッターで加工するのは困難です。そこで下の写真のような半円レンズは，100mL のビーカーで寒天を作り，半分に切って作りました。

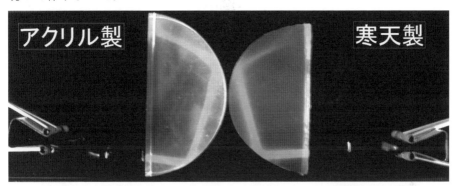

　上の写真は，本書で紹介している光源装置（p.12）を使ってレンズ内の光の道筋を比べた様子です。アクリル製と同じように，十分観察できます。

> **コツ！**
> 　半円レンズは，ビーカーで円柱にしたものを半分に切ると作りやすいです。

③ 凸レンズを UV レジンで自作する

　寒天では長期保存ができませんので，ずっと使える素材として，紫外線で固まる UV レジンがあります。UV レジンは型から剥がれにくいので，②で使ったビーカーなどガラス容器は適しません。シリコン製の型も UV レジンの売り場にありますが，レンズに使えそうな型は少ないです。

　そこで，市販のアクリルレンズを樹脂などで型を取って使う方法があります。型を取る樹脂は，本格的で高価なものから100円ショップで扱われているものまで様々な種類があります。右の写真は100円ショップの型取り剤の使用例です。

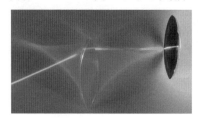

　UV レジン自体も，100円ショップで売られています。硬化すると堅くなるものや軟らかいままのものなどいろいろな種類がありますが，堅くなる種類の方がレンズとして使いやすいです。硬化させるために専用の光源も販売されていますが高価です。時間はかかりますが，太陽の光でも十分硬化します。

　下の写真は，市販のアクリルレンズと UV レジンで自作したレンズの比較ですが，ほとんど遜色がありません。型を取る作業が正確に行われていれば，市販のレンズと同じような実験ができます。

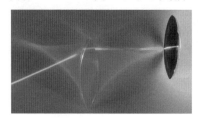

市販のアクリルレンズ　　　　　　　UV レジンで自作したレンズ

　主体的に学ぶ態度を身につけていく上で，グループや個別に実験できることは，大きなアドバンテージになります。レンズを安価に用意できると，グループでの個別実験が可能となります。

また，凸レンズに限られますが，手軽な型は，炭酸飲料の缶の底です。UVレジンが固まってから，型を剥がすには，裏から指で中央を押します。このとき，型が変形してしまいますので，UVレジンで金属の型を使う場合は，使い捨てになります。

　UVレジンを型に入れると，同時に泡がたくさん入ります。この泡は光の進み方を変えてしまうので，取り除く必要があります。UVレジンは，粘性が非常に高いので，泡がなかなか抜けません。そこで，光を当てない状態で一昼夜放置します。すると，ほとんどの空気が抜けています。残っている表面の泡は爪楊枝を刺して上にあげると消えます。

泡が残っている

一昼夜放置

ほとんど泡がない

コツ！
　UVレジンの泡は，紫外線に当てる前に放置しておくとほとんど抜けます。抜けきれなかった泡は，爪楊枝で取ります。

Point！

❶レンズの材料として寒天を用いると，安価に大量に製作できる。

❷ビーカーなどの円柱で型を取り，半分に切ることで半円レンズが自作できる。

❸UVレジンは光を当てない状態で放置すると，きれいに泡が抜ける。

❸ 奇数人数でもできる音の振動の実験

準備物：水糸，紙コップ，クリップ，金属リング（鍵とキーホルダーをつなぐ二重リング），輪ゴム，竹竿など

　音は物体が振動して伝わることを実感するために，糸電話は大変適した教具です。また，紙コップなど身近な物で安価に作成できるので，実験の個別化も人数が偶数なら容易です。

　ここでは，人数が奇数の場合でも「仲よく」糸電話の実験を同時に行うことができる工夫や，「発展的に」距離を伸ばす方法などを紹介します。

① 一人分の糸電話を製作し，音が振動で伝わる様子を調べる

　「水糸」を両手間隔程度に切ります。水糸については p.50 を参照ください。長さは実験する場所に合わせて適宜変えてよいと思います。

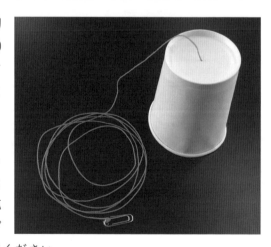

　紙コップに小さな穴を開け，紙コップの外側から水糸を通します。水糸の両端にクリップを結びつけて完成です。必要に応じて紙コップの内側のクリップはセロハンテープなどでとめてください。

> **コツ！**
>
> 　糸電話の糸は「水糸」を使うと絡みにくく，管理しやすくなります。

紙コップを口に当て，水糸を片手で持ちながら声を出すと，糸が振動する様子を手で感じることができます。また，大声を出すと，糸が振動する様子を目でも観察することができます。

　片づけるときは紙コップに糸を巻きつけて，糸の端についているクリップでとめておくと，重ねることができて収納しやすくなります。

② 生徒同士つないで音が伝わる様子を調べる

　糸の端についているクリップを，もう一つの糸電話のクリップに引っかけると，2人で話をすることができるようになります。実験するとき

の人数が奇数であれば，1つのクリップに2人分引っかければ，3人で話をすることができます。このときに，糸がピンと張っているときとそうでないときの違いに気づかせることも大切です。

　3人以上で会話をするときには，糸の張力でクリップが変形してしまう場合がありますから，キーホルダーに使われている金属リングなどにクリップを引っかけるとよいでしょう。

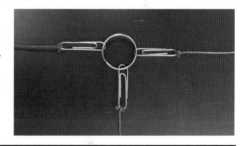

コツ！
　大勢の生徒がつなぐときは，丸い金属リングなどを使うとうまくいきます。

　紙コップを持った手の小指で，紙コップの底の部分や糸を押さえてしまう場合があります。振動が伝わりにくくなりますので，紙コップの持ち方にも注意が必要です。また，糸が紙コップの底と垂直になっていない場合も音が伝わりにくくなりますので確認して下さい。

③ 長距離の糸電話を実験する

　糸電話で実験をしていると「糸電話はどこまで届くのか？」という疑問が生徒から出てきます。実際に試すときには，紙コップ同士をつなぐ糸を長くすればよいのですが，コップの底が糸の重さと張力に耐えられなくなって破けるなど，実験が難しくなります。

　そこで，長距離の糸を紙コップとは別に張る方法を紹介します。2本の竹竿の先に，それぞれ太い輪ゴムを固定します。輪ゴムの間を長距離の水糸で結びます。輪ゴムは，糸の振動を竹竿が吸収しないようにするために取りつけています。

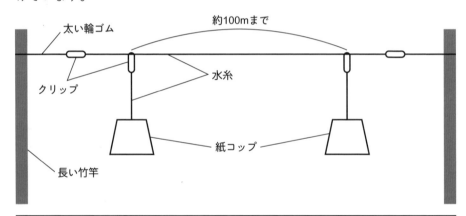

コツ！
　糸を固定する端にゴムを使用すると，糸の振動が吸収されにくくなります。

　グラウンドなど広いところに出て，竹竿の間の糸をピンと張ります。この糸の途中に①でつくった糸電話のクリップを引っかけます。離れたところにもう1つ引っかけると，2つの紙コップの間で長距離の会話ができます。

　距離が近ければ2つ以上の紙コップがあっても届きますが，振動が吸収されてしまいますので，どのくらい届くかの実験は，紙コップ2つだけで行うことをオススメします。糸の張力が小さいと，声などは聞こえにくいことが

ありますが，糸を弾く音は離れていてもよく伝わります。

実験するときに，竹竿を生徒が持つことも考えられますが，その生徒が紙コップを使う実験に参加できなくなります。そこで右の写真のように，防球ネットを使って竿を固定する方法もあります。反対側の竹竿の場所にも防球ネットがあればよいのですが，なければ，朝礼台などに固定してもよいと思います。

Point!

❶奇数人数でも実験できるように，糸電話は片方だけのものを作る。

❷クリップなどでつなぐと簡単に糸電話同士を接続することができ，奇数人数のグループでも仲よく実験することができる。

❸長距離の糸電話は，紙コップにつないだ糸とは別に糸を張って実験する。

❹ みの虫クリップつき導線をスムーズに管理

準備物：みの虫クリップ（赤・黒），ビニル被覆導線（赤・黒），ネオジム磁石（100円ショップのものでよい），ビニルテープ，目玉クリップ，角材，ハンダごて，ハンダなど

電流の実験では，導線を手軽につないだり外したりできる，みの虫クリップつき導線が欠かせません。しかし，生徒への配付や回収の方法，修理など，管理面ではいろいろな苦労があります。そこで，少し工夫して，実験の必需品をスムーズに管理する方法を紹介します。

① ネオジム磁石を使って管理する

みの虫クリップは，クロムメッキされた鉄でできている製品が多いので，磁石につきます。ネオジム磁石なら，50cm くらいの導線がついているものでも十分に磁力で固定できます。

①絶縁テープの接着面を上にして，磁石を同じ極が上になるように並べる（写真は体育館のラインテープ。なければ，ガムテープや一般的なビニルテープを並べて代用）。

②テープで磁石を包む。

③1つの磁石に2つ以上みの虫クリップを固定できる。

絶縁テープやラインテープの上に，ネオジム磁石を並べていきます。このとき，上を向いている極がN極，S極と交互になっていると少しの衝撃でお互いにくっついてしまいます。そこで，上を向く極が同じになるように並べていきます。しかし，磁石の間隔が狭いと磁力を弱める原因になります。机の上に，同じ極が上になるように２枚の磁石を置いてみて，お互いに反発して動かない程度の距離を離しておくとよいでしょう。

コツ！

磁石を並べるときは同じ極が上に向くように並べると，磁石同士がお互いにくっつきにくく扱いやすいです。

実験室内の磁石がつく場所に貼ることができるので，時期によって適切な場所に移動させて使うことができます。この方法であれば，実験で使うときにクリップの部分を手でつまんで取り外す必要がありません。準備と片づけがかなりスムーズになります。

② 修理や自作をする

実験机の大きさに合った，使いやすい長さの導線があれば，机の上でも混乱なく配線することができます。ここでは，みの虫クリップつき導線の製作方法を紹介します。

次の写真のように目玉クリップと角材を木ネジで固定した台を使うと便利

です。みの虫クリップのゴムのカバーを外して，目玉クリップに固定します。その後，導線を固定する位置にハンダだけをのせる「予備ハンダ」をしておきます。

予備ハンダ部分

導線の端の被覆を 5 mm ほどとって，上：右の写真のようにクリップの穴に通し，予備ハンダの上に芯線を置きます。このとき，ハンダごての熱で導線の被覆が融けないよう，また，クリップと被覆が触れないよう，導線の被覆部分がクリップに垂直になるようにしてください。この後，芯線と予備ハンダの部分をハンダづけします。

冷えたら，クリップの「根もとの留め具」をペンチで曲げて下の写真のようにクリップと導線の被覆部分を固定します。さらに，クリップにゴムのカバーをつけます。反対側のみの虫クリップも同様にハンダづけして完成です。

コツ！

　ハンダづけをした後，クリップと導線を留め具で固定すると，芯線の金属疲労を防げます。

作製した導線は，導通検査を行ってください。ハンダ不良などの接触不良があるかもしれません。

また，しばらく実験で使っていると，外見では問題のない導線が導通不良になっていることがあります。これは，芯線が導線のビニル被覆の中で断線しているのが原因です。断線の原因の1つは，生徒が導線の中央部分を持ち，みの虫クリップが円を描くように振り回したことです。みの虫クリップの扱い方について，生徒と約束事を決めておくとよいでしょう。

③ イオンの実験に使った後，錆びにくくする

イオンの実験で酸などがついたままの状態では，みの虫クリップを放置するとすぐに錆びてしまいます。錆びは，接触不良の原因となりますので，電気の実験では避けたいものです。

そこで，イオンの実験が終わったら，一度重曹の飽和水溶液に浸けるようにします。重曹水溶液にも水が含まれるため，クリップが錆びそうですが，逆に錆びにくくなります。これは，表面が重曹によってアルカリ性になるためです。亜鉛，アルミニウム，錫，鉛以外の多くの金属は酸とは反応しても，アルカリとは反応しにくい性質を利用しています。実験後のクリップの表面に酸がついていても，アルカリに浸ければ，酸が中和されるわけです。

コツ！
アルカリ性の液に浸けることで，みの虫クリップは錆びにくくなります。

Point！

❶磁石で管理することで，導線の準備・片づけが劇的にスムーズになる。
❷クリップ根本の留め具で導線の被覆を固定すると，断線しにくくなる。
❸金属を酸性の環境に置くと錆びるため，重曹を使って防止する。

⑤ 直流と交流の違いをわかりやすく観察

準備物：プラスチックまたは木の棒，LED2色（赤と黄が見やすい），コンデンサ（0.47uF250V），抵抗器（1kΩ×3），電源プラグ，スイッチ，電池ボックス，2列ソケット（ICソケットでも可）など

　直流と交流の違いを LED で観察する昔ながらの実験装置ですが，安価でわかりやすいものを作りたいところです。市販品は，家庭用コンセントを電源とし，直流と交流の切り替えをスイッチで行います。するとコンセントからの電気が直流か交流か，生徒は混乱する場合があります。

　そこで，直流は乾電池，交流は家庭用コンセントをそれぞれ電源として，交流と直流と別々に観察器を作ります。

① 家庭用コンセントの AC100V で LED を点灯させる

　大型抵抗器を使ったり，電源用トランスを使ったりするなどいろいろな方法がありますが，本書では，交流とコンデンサの関係を利用して LED に流れる電流を制限する方法で点灯させます（参考文献1・2）。

　AC100V につないで LED を点灯させる回路は，次の通りです。

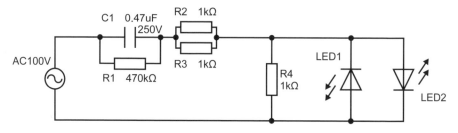

　100V の家庭用コンセントにコンデンサを直列につないでいます。このコンデンサの交流抵抗（リアクタンス）により，LED 部へ流す電流を15mA程度に制限しています。抵抗（R1）はコンセントを抜いて，交流観察器を

片づけるときに C1にたまっている電荷（電圧は100V 程度）を放電するための抵抗です。R2と R3は並列につなぎ，この部分の抵抗値を500Ωとしました。この抵抗は全体の電流制限だけでなく，コンセントを挿した瞬間に流れるコンセント特有の大きな電流（突入電流）を制限する役割があります。

R4は本器具特有の部品であり，LED ナツメ球ではあり得ない「LED を取り替える」という必要性からつけられた抵抗です。上記の回路から，R4と LED を取り外した状態で，解放電圧を図ると，交流の100V となっています。電圧が高く，素手で触ると感電するおそれがあるうえに，LED の向きを間違えると LED を破損してしまいます。LED は逆電圧に対して弱く，100V では，多くの LED が破損します。R4なしで LED を１つだけ接続すると，多くの LED は破損します。

そこで，R4を LED に並列に接続しておくと，R3の両端電圧が12V 程度となり，素手でも感電せず，LED を交換するときにも LED を破損しません。R4によって，本器具の LED に流れる電流は約３mA（２つの LED で約６mA）となります。

コツ！

(1) コンセントで LED を点灯させるにはコンデンサを使います。

(2) LED と並列に抵抗を１個つないでおくと安全性が増します。

---

② 交流観察器を製作する

次に作り方です。右は完成写真です。

まず，AC プラグの平行線の１本を４cm 程度切り取り，C1，R1〜R3を組み込みます。その後，透明の熱収縮チューブやビニルテープ
で絶縁します。このとき必ず C1と R1が AC プラグ側に来るようにします。R2と R3が AC プラグ側だと，R2，R3が破裂することがあります。

LEDは取り替えができるように２列ソケッ
トに挿す方法をとります。LEDが破損したり，
教科書の改訂によりLEDの色が変わったりした場合に対応するためです。

右の写真のように２列ソケットにLEDを挿
すと並列つなぎになるように下のリード部分を
銅線でハンダづけしてあります。２列ソケット
とACプラグとの接続は写真ではピンを使っ
て接続していますが，ソケットに直接ハンダづ
けしても構いません。R4は1/6Wの小さいも
のを使用していますが，1/4W以上の大きいものでも問題ありません。

LEDは極性が互いに逆になるように取りつけますが，R4が挿してあれば，
同じ向きでも破損せず点灯します（２つ同時に点灯・消灯をします）。

コツ！

　２列ソケットを使うと，LEDの取り替えが簡単になります。

---

③ 直流観察器を製作する

　手で持つところを考慮し，電池ボックスを端から約14 cmのところに両
面テープで固定しています。

　直列の場合も交流と同様に，
２列ソケットを加工します。直
列の場合は，使うLEDの必要
に応じて抵抗を直列に取りつけ
てください。

例えば，2.5Vで25mAの電流が流れる赤色LEDに，3Vの電圧を加える場合は，（3V−2.5V）÷25mA＝20Ω程度の抵抗を直列につなぎます。

　直流観察器は手元のスイッチでON—OFFを操作します。電流の向きを変え，点灯するLEDを変えるときは手間がかかりますが，LEDをソケットにつける向きを変える様子を生徒に見せるのも1つの方法です。

　手元のスイッチでLEDに流れる電流の向きを変えたい場合は，発展課題として，下の図のようなスイッチ1つで電流の向きを変える回路（四路スイッチ）を生徒に考えさせてもよいと思います。

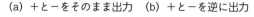
(a) ＋と−をそのまま出力　(b) ＋と−を逆に出力

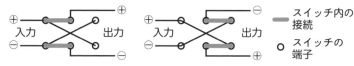

四路スイッチの例

コツ！

　直列の観察器は，電池に直接つないだ様子を見せます。手元で電流の向きを変えたい場合は，四路スイッチを使います。

Point!

❶交流はコンセントに，直流は電池に接続したLEDで違いを見せる。

❷100VのコンセントでLEDを点灯させるにはコンデンサを使う。

❸LEDは取り替え可能にしておくとよい。

〈参考文献〉
⑴ 小串憲明，斉藤豊「ケミコンレスLED照明電源の設計と試作」，トランジスタ技術2010年4月号，CQ出版社
⑵ nshdot「AC100VでLED」
　 http://blog.nshdot.com/2008/04/ac100vled.html

❻ 雨の日でも成功する静電気の実験

準備物：塩ビ管（ホームセンターで売っている水道管），キッチンペーパー，ポリエチレン製の荷ひも，使い捨てプラスチックコップ，アルミホイルなど

　セーターを脱ぐときにパチパチと音を感じたり，ホコリが手から離れなくなったりする現象は，静電気が関係しています。このため，静電気は身近な現象であり，電気の授業の中でも取り組みやすい学習です。

　しかしながら，実験する日の湿度が高いなどの条件によって，うまくいかないことがよくあります。そこで，たくさん静電気を効率よく発生させ，悪条件下でもうまくいく方法を紹介します。

① 静電気を効率よく発生させる

　本来，種類の違う２つの物質を擦り合わせると，少なからず静電気が起きています。しかし，人間の感覚器で感じられるほどの量が起きていない場合がほとんどです。

　静電気が人間の感覚器で感じられるような物質の組み合わせとしては，塩ビ管とキッチンペーパー（紙）の組み合わせが安価でオススメです。塩ビ管は長さが長すぎると危険が伴いますので，実験する部屋の大きさと人数に合わせた長さのものを準備してください。擦り方のポイントは，紙を固定して塩ビ管を前後に動かすことです。こうすることで塩ビ管のまわりで風が起きにくく，空気中に放電される量が少なくなります。

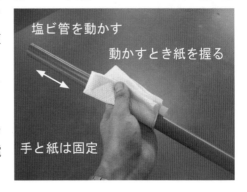

塩ビ管を動かす

動かすとき紙を握る

手と紙は固定

　帯電が十分になってくると，塩ビ管と紙の間で「パチパチ」という音が聞こえてきます。これは，たまった静電気が少し放電するときに起きている音です。

　また，雨の日など湿気が多い場合は，塩ビ管をエタノールと紙で擦った後乾燥させます。塩ビ管の脂分が取り除かれることで，晴れの日と同じように帯電しやすくなります。

②「静電気クラゲ」をみんなで浮かせる

　静電気の斥力を観察するために，帯電した軽いもの（ポリエチレン製の荷ひもで作ったクラゲ）を空中に浮かせる実験をします。しかしながら，うまくいかない場合が多いようです。

　荷ひもは，応援団の「ボンボン」を作るときなどに使う，平らに巻いてあるものを使います。この荷ひもは二層構造になっている場合が多く，切った荷ひもの表と裏にセロハンテープを貼って引き剥がして1枚にすると軽量化が図れます。

　本実験で使う荷ひもは，長さ15cm程度に切ってセロハンテープを使って1枚にし，片方の端を結び，結ばない方の端をピンセットなどで裂いて使います。ちょうどクラゲの足のような形になるので「電気クラゲ」と呼ばれています。

　帯電させるには，作った「クラゲ」を机の上に置き，結び目を指で固定してキッチンペーパーで一定方向に擦ります。すると，机の上に張りついた感じになります。このままで，しばらく帯電した状態が維持できます。このとき，机とクラゲの間にアクリル板を置き，その上でクラゲを帯電させると，より強く帯電させることができます。

 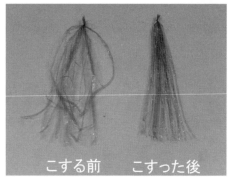

こする前　　こすった後

　クラゲを机に貼りつけたまま，塩ビ管をキッチンペーパーで帯電させます。手で机の上のクラゲを持ち上げると，クラゲが開きます。そのまま，空中に放ちます。

　クラゲの下に塩ビ管を持ってくると，クラゲも塩ビ管もマイナスに帯電しているので，浮かせることができます。

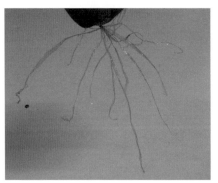 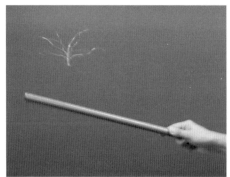

　時間がないときは，短冊状に切っただけの荷ひもでも大丈夫です。前述のように擦るだけでも十分浮きます。

コツ！
　クラゲを机の上に置いて上から擦るとしっかり帯電します。

---

③ ライデン瓶の実験を個別に行う

　プラスチックコップとアルミホイルで作った「ライデン瓶」に静電気をためることができます。ためた静電気で，蛍光灯をつけたり，指で触れて電気を感じたりする実験ができます。

　このときの注意は，プラスチックコップにアルミホイルを固定する際にセロハンテープを使わないことです。セロハンテープには，塩ビ管とキッチンペーパーで発生させた静電気の電圧が加わると少し電流が流れてしまいます。

そのため，２つのコップにそれぞれ貼りつけたセロハンテープが密着すると放電が起きやすく，帯電する量が少なくなってしまいます。セロハンテープを用いなくてもアルミホイルを密着させて巻くだけで十分固定できます。なお，写真のライデン瓶は，セロハンテープを使っていません。

　また，内側のコップの電気を取り出すための電極は，右の写真のように角がないように丸くしておくと，さらに放電が少なくなります。

コツ！
　ライデン瓶を作るときは，セロハンテープを使わないようにします。

Point！

❶「擦る物」の選び方と「擦る方法」の練習が大切である。
❷電気クラゲは，机の上に置いて擦ると成功する。
❸ライデン瓶はセロハンテープを使わずに，アルミホイルを密着させる。

7 わずかな電力でうまく回るモーター作り

準備物：塩ビ管（水道管），キッチンペーパー，使い捨てプラスチックコップ，アルミテープ，ビニル袋，シャープペンシルの芯，消しゴムなど

乾電池から得られる電流で回る手作りモーターは有名ですが，静電気でもモーターを回すことができます。発見者の名前をとって「フランクリンモーター」と呼ばれます。静電気のようなほんのわずかな電力でも，運動エネルギーを取り出せることを観察します。しかし，このモーターはなかなか回らず苦労します。そこで，うまく回すコツを紹介します。

① 摩擦の少ないローターを作る

プラスチックコップの底の部分を5cm程度切り取りローターにします。5cm×1cm幅くらいのアルミテープを，右の写真のように8か所貼りつけていきます。

表側 裏側

この部分に順次電荷がたまり，電極との反発力で回転します。ローターの電荷は反対の電極からコンデンサに流れていきます。ローターの底の中心に2mmの穴を開け，手芸用スナップボタンの凸を取りつけ，スナップの穴をアルミテープでふさぎます。②の設計図にあるように，アルミテープの糊の面が軸に接しないように工夫します。

> **コツ！**
> アルミテープを等間隔に貼り，軸受けに手芸用スナップボタンを使います。

② 静電気をためるコンデンサを作る

　このモーターの電源として，静電気を蓄えておくコンデンサが必要です。
ここでは，アルミホイルとビニル袋で作製します。

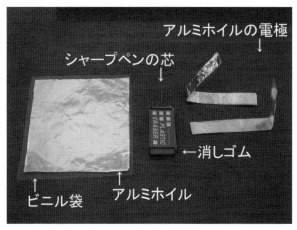

　ビニル袋を10cm四方に切り取り，9cm四方に切り取ったアルミホイル
2枚で挟んでコンデンサとします。物理の教科書に載っている「平行平板コ
ンデンサ」です。コンデンサの上下のアルミホイルからそれぞれアルミテー
プでつくった電極で静電気を取り出します。ローターの軸はシャープペンシ
ルの芯を消しゴムに刺したものを使い，下の図のようにセットします。

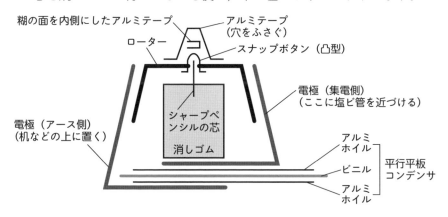

シャープペンシルの芯とアルミテープの接触ですので，軸の摩擦がとても小さくなります。

コツ！

アルミホイルとビニル袋で十分コンデンサになります。

平行平板コンデンサの上側のアルミホイルとつながっている電極に，キッチンペーパーで帯電させた塩ビ管を近づけます。下側のアルミホイルにも，上側と同じ電気を帯電させてしまっては，静電気をチャージしたことになりませんので，下側のアルミホイルが上側より広がっていないか確認してください。

塩ビ管をキッチンペーパーで擦って帯電させる場合，塩ビ管がマイナスになります。したがって，上のアルミホイルがマイナス，下がプラスになります。うまく動かない場合，下のアルミホイルの下に静電気によってプラスになりやすいアクリル板などを置くと回りやすくなります。

静電気の実験は物質表面の脂分など，いろいろな条件に左右され，最初はなかなか動きません。塩ビ管表面の脂分をアルコールできれいにするなどして，擦っては近づける動作を何回か近づけるうちに少しずつ回り始めます。

ポイントは，ローターと電極の距離です。くっつけてしまうと摩擦が大きくなり，遠すぎるとコンデンサの静電気がローターに伝わりにくくなります。静電気が帯電している様子が目に見えないため，失敗の原因がつかめず苦労します。

止まっている状態　　　　　　　　　　　**回った状態**

　実験が終わったら，片づけるときにコンデンサにチャージされている電荷で感電しないように，電極同士を近づけてコンデンサを放電させてください。
　余談になりますが，この実験でコンデンサになっているアルミホイルやビニル袋が，机に張りついていることがあります。ダイレクトメールなどに利用されている，表面のフィルムを剥がすと元に戻らないしくみと同じで，フィルムと紙は静電気でくっついている場合もあります。

コツ！
　電極とローターの距離を調整しながら帯電させてください。

Point!

❶摩擦の少ないローターは，シャープペンの芯を軸にするとよい。
❷コンデンサは，ビニル袋とアルミホイルの平行平板コンデンサを使うと，ライデン瓶より手軽である。
❸ローターと電極の距離を調整するところが大切である。

❽ 電磁誘導を体験できる教具作り

準備物：LED（赤色が適している），トランジスタ（2SC1815），1kΩ抵抗，コンデンサ（0.1μF 50V），エナメル線，乾電池と電池ボックスなど

　身の回りで使われている IC カードは，読み取り機に近づけるだけで入場手続きや支払いができます。カードの中には電池が入っていませんが，カードを読み取り機に近づけるとカードに電磁誘導で電力が送られて IC チップが起動し，情報をやりとりしています。このように，電磁誘導が応用されていることを体験しながら理解する教具を作ってみましょう。

　ここでは，ハンダごてを使わなくてもよい方法を紹介します。

① 電力伝送のしくみを考える

　離れた場所に導線を使って電力を送るのは，有線による電力伝送です。ここでは，無線で送るので，空間を伝わる磁場を使って送ります。しくみとしては，電力からコイルによって磁場を作り，磁場が空間を無線で伝わります。伝わってきた磁場をもう一方のコイルで受け，電磁誘導によって電力に変換します。しかし，電磁誘導は，磁場に変化があるときに起こります。電流も磁場も一定で変化がない場合，電流に変化があった瞬間だけ電力が伝送され，その後，電力は送られません。そこで，磁場の変化を起こすために，磁場を作る電磁石をスイッチで ON・OFF させます。すると，スイッチを入れた瞬間と切った瞬間に電力が送られます。これは，スイッチによって磁場の大きさを変化させたためです。したがって，LED を連続して点灯させるためには，スイッチの ON と OFF を素早く繰り返せばよいことになります。

　しかし，ON と OFF を素早く繰り返すためにスイッチを手で動かしていたのでは大変ですので，自動で行う回路（発振回路）を使います。

　発振回路にもいろいろありますが，ここでは，ブロッキング回路を紹介します。次はその回路図で，動作原理は次の通りです（参考文献１）。

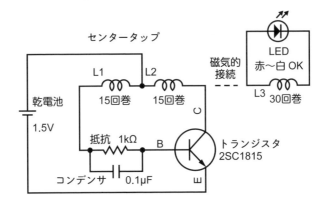

　まず乾電池からＬ１を通ってトランジスタのベース（Ｂ）に流れます。すると，トランジスタが ON になり，トランジスタのコレクタ（Ｃ）を通って，Ｌ２に大きな電流が流れます。するとＬ２の磁場に変化が生じるため，Ｌ１にこれまでとは逆の向きに誘導起電力が生じます。すると，トランジスタのベースに電流が流れなくなるため，トランジスタが OFF になり，Ｌ２の電流が止まります。

　これで，最初の状態になったので，Ｌ１からベース（Ｂ）に電流が流れ，トランジスタが再び ON になります。この動作を繰り返して，Ｌ２に大きな磁場を断続的に生じさせます。「周波数カウンター」で測定すると200kHz（１秒間に20万回電流の変化が繰り返される）で動作しています。

　さらに，Ｌ２で作られた磁場は離れているＬ３に伝わり，誘導電流が生じてＬＥＤが点灯します。回路中のコンデンサは，なくても動作しますが，入れると動作が安定します。

② 受信コイル・送信コイルを作る

エナメル線を単1乾電池などに30回巻いて受信コイルを作ります。コイルの端は紙ヤスリなどで磨いても十分に被覆を剥がせますが，手に入れば塗料の剥離剤が便利です。エナメル線を剥がしたい長さの分だけ剥離剤につけて取り出します。5分くらい放置してからティッシュなどで拭き取ると被覆が剥がれます。剥離剤は直接手につかないように注意します。被覆が剥がれたら，右の写真のように LED とコイルをねじって接続します。本回路では，どちらの向きにも誘導電流が流れるので，LED の極性は気にせずにつないで大丈夫です。

送信コイルは，次のように作ります。

①15回巻きコイル2つを作り，両端の被覆を剥がして次の写真のような向きでつなぎ，コイルを平行移動させる形で重ねる。

 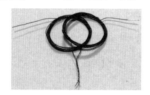 

②抵抗・コンデンサ・トランジスタを接続する（トランジスタは下：左の写真のように印字面が手前に来るようにする）。

③コイル・電池を，下：右の写真のように接続する（写真の電池ボックスは下が＋極）。

④電池を入れ，送信コイルと，受信コイルを近
づけてみる。すると，コイルが離れていても
LEDが点灯する。

　うまく動作しないときは，接触不良（エナメ
ル線をもっと磨く，接続部をしっかりねじる）
や，部品の向きの誤りが原因です。スイッチは
使用していませんので，使わないときは電池を外してください。

コツ！

　部品の向きや接続を間違えないようにして接続することが大切です。

---

③ コイルとコイルの間に何が入ると遮られるか調べる

　受信コイルと送信コイルの間には空気があります。
右の写真のように紙をコイルの間に入れても問題なく
動作します。しかし，アルミホイルや鉄板などを入れ
ると動作しません。コイルの間に入れて，遮るものの
共通点を話し合わせると，学習が深まります。

Point！

❶エナメル線の被覆剥がしは，塗料の剥離剤を使うと能率アップ。

❷コンデンサはなくても動作するが，あると安定して動作する。

❸送信コイルと受信コイルの間を遮るものの，共通点を考えさせる。

〈参考文献〉
(1)ブロッキング発振回路の動作原理
　　http://abcdefg.jpn.org/elememo/blockingosc/cc.html

⑨ 身近な材料で等速直線運動を観察

準備物：透明カップ，手持ち扇風機の羽根，モーター（FA-130など），乾電池と電池ボックス，導線など

　摩擦がある現実の世界で，等速直線運動を見せることは大変難しいものです。しかし，摩擦がかなり小さい運動を見て，等速直線運動のイメージをつかむことはとても大切です。摩擦が小さい運動の例として，床から空気の力で浮いているホバークラフトの運動が挙げられます。

　ここでは，簡単なホバークラフトの作り方を紹介します。

① 基本的な構造を理解する

　モーターと羽根で空気の流れを作ります。その流れは次のように，半球状の胴体の上から送り，下から出すことで胴体を浮かせます。

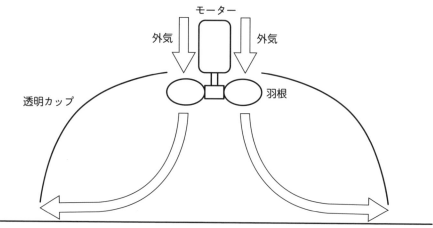

空気の流れは，100円ショップなど
で売っている手持ち扇風機を分解して
手に入れたモーターと羽根を使います。
透明カップは，コンビニエンスストア
で売られている冷やし中華などのカッ
プが透明で適しています。

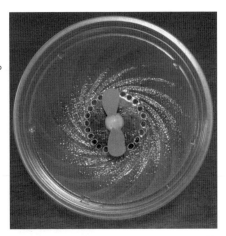

　まずは，透明カップの底にモーター
の軸を入れる穴を開け，次に空気を取
り入れる穴を開けます。このとき，羽
根が回転する領域で主に空気のやりと
りが行われるようにします。右上の写真のように，羽根が回転する領域の外
周直下にハンダごてやドリルなどで穴を開けます。

コツ！
　空気を取り込む穴は，羽根が回転する領域の内側に開けることが大切です。

---

② 材料を集めて組み立てる

　100円ショップなどで売られている
手持ちの扇風機の羽根は安全のため，
ウレタンなど柔らかい素材でできてい
るものがあります。回転中に手に当た
ったり，回転中にモーターから外れた
りして体に当たってもケガをしにくい
材質です。

　安全面からも柔らかい素材でできた
羽根を使いたいものです。

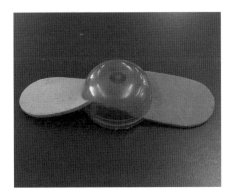

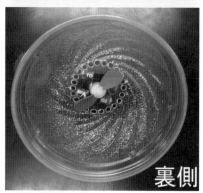

　電池ボックスがなくても，導線やモーターをテープなどで固定して組み立てる方法があります。単３乾電池２つの間にモーターを挟み，両面テープでカップの底に固定します。電池と導線は，セロハンテープで固定します。単３乾電池２個とモーターとを直列につなぎます。スイッチは，途中の導線をねじったり離したりすることでも代用できます。

　上の写真では，電池同士をつなぐ導線をつないだり外したりすることで，スイッチとしています。電池ボックスが手に入らない場合や，ハンダごてがない場合には，この方法がオススメです。

③ 動きを観察したり記録したりする

　机の上に置いてスイッチを入れ，羽根を回転させると少し浮きます。床の上で動かすときは，床を濡れ雑巾などで拭いておくと，細かいホコリやゴミで動きが変わりにくくなります。手で少し押すと障害物にぶつかるまでかなりの距離を動きます。うまくいけば，体育館の端から端まで移動します。

　運動の様子を記録する方法を生徒に考えさせるのも，１つの案です。例としては，ビデオで動画を撮影し，１秒間に動く距離が一定であることを確認する方法があります。他には，ホバークラフトが動くコース上に付箋を持った人を立たせて，時計係が１秒ごとに声を出し，声がしたときのホバークラフトの位置に付箋を貼っていく方法もあります。

　また，羽根を回すときの反作用で，羽根の回転方向と反対に導体が回転します。身の回りでは，ヘリコプターの後ろについているプロペラがこの回転を防いでいます。実験では，この回転に気づき，原因を話し合わせれば作用反作用の学習につながり，ホバークラフトの動きの観察が深まります。

コツ！
　記録タイマー以外で運動の様子を記録する方法を考えさせると授業が深まります。

Point!

❶羽根が回転する領域の内側に，空気を取り込む穴を開ける。
❷羽根はウレタン製など軟らかい材質のものを使うと，安全性が高まる。
❸ホバークラフトの動きを記録する方法を，生徒に考えさせるのもよい。

〈参考文献〉
⑴『自由研究　中学生の理科 New チャレンジ』，野田新三監修，永岡書店，104：104-106

⑩ 仕事の原理を安価にグループで実験

準備物：戸車，水糸，ばねばかり，おもり，スタンドなど

　動滑車を使って力を半分にしても，引く距離が倍になるので「仕事」の量は変わりません。これは「仕事の原理」であり，重要な原理を実験で体験できる貴重な機会です。ぜひ，生徒が自分の手で確かめてほしいところです。しかし，市販の滑車は高価であり，生徒のグループ実験となるとハードルが高くなります。

　そこで，安価な（1個100円前後の）戸車を使った実験を紹介します。

① 戸車を加工する

　戸車は，その名の通り「戸」の動きをよくするために取りつける車輪です。ホームセンターなどで入手できる安価なものを準備します。金属部分にネジで取りつけるための穴がある滑車を使えば，ひもを通しておくとおもりをつけたり，スタンドに固定したりするときに便利です。

　戸車には，車の部分に「溝」があるものとないものがあります。本実験では，糸がかけられるように「溝」ありのタイプを選びます。車と軸の摩擦が小さくなるように，ボールベアリングなどが入っている滑車もありますが高価です。右上写真の滑車は，金属棒を軸に樹脂の車輪がついているタイプであり，100円前後で入手できます。予算に応じて，なるべく摩擦の少ない戸車を選ぶとよいでしょう。

定滑車の実験であれば，買ってきた戸車をそのままスタン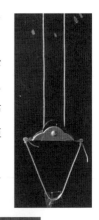
ドなどに固定して使えます。一方，動滑車の実験を行うとき
は，滑車の金属部分の片側におもりをつけると，車につなが
る糸に金属部分が引っかかります。そこで，引っかからない
ようにするため，右の写真のようにしてみます。しかし，戸
車につけた糸におもりをつけると不安定になり，すぐに戸車
にかけてある糸が外れてうまくいきません。
　そこで，戸車の一部をカットします。戸車を万力（ベンチ
バイス）などに固定して作業します。

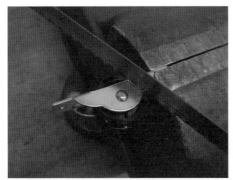 

　弓のこ（鉄のこぎり）で上の写真のように金属部分をカットします。この
とき，ベンチバイスに固定したところに近い側を切ると力が入りやすくなり
ます（ベンチバイスや車輪の部分に傷をつけないようにゆっくり作業しま
す）。裏側も同様にカットします。切るときに摩擦による熱が発生します。
スプレータイプの潤滑油を適宜つけながら切ると作業がしやすくなります。
　切り口など尖ったところは安全のため，金工ヤスリなどで少し丸めておく
必要があります。

コツ！
　戸車の固定部分をカットすることで，ひもをかけたときに安定し，使いやす
くなります。

---

② 糸を準備する

　滑車として使う糸は，建築現場で使っている「水糸」が最適です。ホームセンターなどで100m巻が100円前後で販売されており，比較的安価です。この糸が実験に適しているのは，糸同士が絡んだり，もつれたりすることが大変少ないところです。

　合力の実験や，力のつり合いなど糸を使う実験が多くありますが，たこ糸を使った場合，片づけの工夫をしないと，次回実験するときに絡んでしまいます。「糸をほどくだけで授業が終わってしまった」ということもあります。水糸なら，下の写真のような状態でも，糸のかたまりから1本抜くと不思議なほど簡単に1本だけ取り出せます。たまに絡まることはありますが，ほとんどの場合，すぐにほどけます。

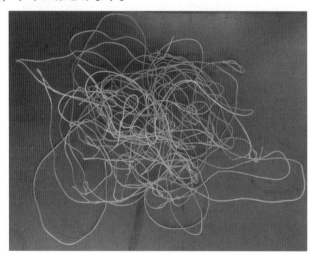

　これは，たこ糸に比べ，水糸の表面に「毛羽立ち」がなく，水糸同士の摩擦が少ないことが，絡みにくい原因です。

コツ！
　実験に使う糸を水糸にすると，準備と片づけが大変楽になります。

---

③ 定滑車と動滑車の実験をする

　右の写真のように，戸車でつくった滑車を2つ使って定滑車と動滑車の実験ができます。定滑車をつけると，力を加える向きを変えることができるので，動滑車につけたおもりを別のおもりで引き上げる実験などが可能です。しかし，定滑車の摩擦の存在が大きくなります。

　定滑車だけにして，100gのおもり（重力は約1N）につながった糸を戸車の定滑車を通してばねばかりで引くと，0.8N程度になります。したがって，定滑車の摩擦の大きさが0.2Nになります。ここで，戸車を高級な市販の滑車に変えても同様に摩擦があり，ばねばかりの値は0.9N程度です。この現象で生徒は理想と現実の違いを知ることになります。問題集などで「摩擦は考えないこと」という表現が出てくる意味を考える機会になります。

　もちろん，動滑車にも摩擦があります。しかし，実験としては，おもりと滑車の合計重力の半分が，ばねばかりに働きますので仕事の原理を計算通りに体験することができます。仕事の原理の実験は，写真から定滑車をなしにして，動滑車だけで実験した方が，結果がはっきりします。

コツ！
　定滑車の実験では，摩擦の存在について考えさせると理解が深まります。

Point!

❶滑車は戸車で代用可能。
❷滑車に使う糸は「水糸」を使うと，絡むことがほとんどなくて便利。
❸定滑車の摩擦は，理想と現実の違いを体験する良い機会である。

⑪ 安全にできる水素発生実験

準備物：フィルムケース（教材メーカーなどで市販）やプラスチックケース（密閉できるもの），亜鉛（粒状），塩酸（安全のため最高でも10％以下），安全メガネ，水槽，試験管，ゴム栓など

　水素の発生とその燃焼（爆発）実験は大変危険であり，これまでに多くの事故が報告されています。しかしながら，「爆発」は生徒にとって大変興味のある実験のようです。

　理科という教科の使命である，「危険なものを安全に扱うにはどのようにすればよいか学習する」という点から，安全に水素の爆発実験をする方法について紹介します。

① 亜鉛と酸を準備する

　亜鉛は粉末ではなく，粒状や華状のものが使いやすいです。ただし，新品の状態では，表面の凹凸が少なく，表面積が小さいので，発生する水素が少ない傾向にあります。使用する前に塩酸と反応させ，表面に凹凸をつけておくと，短い時間で多くの水素が発生します。

新品の亜鉛　　　　塩酸処理の亜鉛

塩酸は濃度が高いほど多くの水素が発生しますが，安全面から，濃度は最高でも10%以下のもので行ってください。また，以前は硫酸を使っていましたが，服につくと穴が開くことがあります。これは，硫酸の水分は蒸発しても硫酸そのものは蒸発せず，ついた部分の硫酸が濃くなるためです。

コツ！

亜鉛は表面積を増やすため，塩酸で処理しておきます。

---

② 水素発生装置を作る

フィルムケースを使うと，簡単に作製できます。フィルムケースは，デジタルカメラが広まる以前に使われていました。現在では，教材メーカーなどから市販されています。フィルムケース以外でも，プラスチック製で中が密閉できる小さな容器であれば代用可能です。

ケースの蓋に，ドリルや熱した釘などで直径5mm程度の穴を開けます。フィルムケースの中に亜鉛をケースの高さの3分の1まで入れ，塩酸を6分目まで注ぎ，穴を空けたケースの蓋をします。蓋を閉めるときに，周囲についている塩酸が衝撃で飛沫として飛んでくることがあります。この実験は準備の段階から，必ず安全メガネをつけて行ってください。

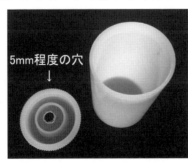

次に水を張った水槽に，フィルムケースごと水中に入れます。水上置換で水素を集めますので，試験管とゴム栓も一緒に水槽の中に入れておきます。

試験管とゴム栓も
水中に入れる

ケースごと
水中に入れる

　ケースの蓋の穴から，泡の形で少しずつ水素が発生します。発生した水素は水で満たした試験管を逆さまにして集めます。

　水素の発生実験での事故例としては，発生した水素が出てくる部分に直接火を近づけてしまい，発生装置内の水素すべてが爆発するケースがあります。本装置では，発生する水素が泡の形であるため，水素と発生装置とは水を隔てて分離しています。また，発生装置が水中にあるので，万が一爆発しても，空気中よりは被害が小さくなるようになっています。

　発生する水素の量が少なくなってきたら，塩酸を取り替えます。塩酸を回収するビーカーの上に茶こしをつけておくと，フィルムケースからこぼれた

亜鉛をスムーズに回収することができます。

> **コツ！**
> 水素の発生装置はすべてプラスチックを使い，水中で発生させます。

③ 得られた水素を試験管に集めマッチを近づける

　フィルムケースの蓋から水素の気泡が出てきますので，水槽の水で満たした試験管に集めてゴム栓をします。このとき，必ず容器の出口が狭くなっていない試験管（フラスコはNG）を使ってください。爆発するときに気体の出口が狭くなっていると，容器が破損します。心配であれば，樹脂製の試験管を使う方法もあります。

　試験管に水素だけを集めて，マッチで火をつけると「ボッ」という音を立てて火がつきます。「爆発」というより「燃焼」のイメージです。

　そこで，試験管に集める途中に少し試験管を水面から出し，集める水素の半分程度空気を入れてみます。すると，マッチの火を近づけたときに「ピヒョー」という大きな音が出て，今度こそ「爆発」します。水素と酸素が2：1で火がつくと最も効率よく反応するので，十分大きな爆発になります。

> **コツ！**
> 集めた水素に空気を少し入れると，大きな爆発音になります。

Point!

❶新品の亜鉛は表面積が小さく反応性が乏しいため，あらかじめ酸で溶かして，表面をざらざらにしておく。

❷水素発生装置はプラスチックで作り，水中に沈めて使う。

❸水素100％より，空気を少し入れて火をつけると大きな音で爆発する。

⑫ 緊迫した導入で始める気体の発生実験

準備物：重曹，クエン酸，過炭酸ナトリウム，線香，マッチ，石灰水，試験管，気体導入管，水槽（必要に応じて二酸化マンガン，インジゴカーミン）など

　「謎の粉Ⅹが発見され，粉から気体が発生している。ただちにこの気体が何か調べてほしい！」このような緊迫した導入で授業が始まるのも面白いです。謎の粉Ⅹからは，酸素と二酸化炭素の両方が発生しています。1つの物質から2種類の気体が発生すると思っていない生徒も多いため，生徒はグループで既習事項をもとに検証方法などを話し合います。結果を確認したり，もう一度実験したりと，自主的に探求する姿が見られるようになります。

① 謎の粉Ⅹを準備する

　謎の粉Ⅹは，授業で加熱器具を使える場合（加熱タイプ）と，加熱器具は使えないが水は使える場合（加水タイプ）とで2種類用意できます。
　加熱器具が使える場合は，重曹（$NaHCO_3$）0.3g と過炭酸ナトリウム（$2Na_2CO_3 \cdot 3H_2O_2$）1.0g を混ぜて作ります。重曹も過炭酸ナトリウムも加熱によって分解し，それぞれ二酸化炭素と酸素を発生させます。

・重曹の加熱
　$2NaHCO_3 \rightarrow Na_2CO_3 + H_2O + CO_2\uparrow$
・過炭酸ナトリウムの加熱
　$2(2Na_2CO_3 \cdot 3H_2O_2) \rightarrow 4Na_2CO_3 + 6H_2O + 3O_2\uparrow$

　加熱器具を使えない場合は，過炭酸ナトリウム30g と二酸化マンガン1g，クエン酸6g を混ぜて作ります。見た目は「ごま塩」のような感じになりま

す。乳鉢などで細かくして混ぜてしまうと，混ぜている途中に湿気を吸って反応が起こってしまいます。市販のままの顆粒状態で「混ぜる」だけにしてください。

加熱タイプ　　　　　　　　　　　加水タイプ

過炭酸ナトリウムは水に溶けただけでは，ほとんど酸素を発生しないため，二酸化マンガンを触媒として加えます。また，過炭酸ナトリウムから分離した炭酸ナトリウムとクエン酸（$C_6H_8O_7$）が中和反応して，クエン酸ナトリウム（$Na_3C_6H_5O_7$）と二酸化炭素が発生します。

・過炭酸ナトリウムの分解
　　$2Na_2CO_3 \cdot 3H_2O_2 \rightarrow 2Na_2CO_3 + 3H_2O_2$
・酸素の発生
　　$2H_2O_2 \rightarrow MnO_2$【触媒】$\rightarrow 2H_2O + O_2\uparrow$
・二酸化炭素の発生
　　$2C_6H_8O_7 + 3Na_2CO_3 \rightarrow 2Na_3C_6H_5O_7 + 3H_2O + 3CO_2\uparrow$

この場合，謎の粉Xに水を加えることで，酸素と二酸化炭素が発生します。加える水の量は，謎の粉Xの体積の2倍程度で十分です。

> **コツ！**
> 　過炭酸ナトリウムは加熱しなくても，水と二酸化マンガンの存在で酸素を発生させられます。

② 謎の粉Xから気体を発生させる

　加熱器具を使う方法でも，水を入れて発生させる方法でも，謎の粉Xから酸素と二酸化炭素が発生します。

　加熱タイプでは，謎の粉Xをアルミホイルで作ったボートに少量入れて，試験管にセットし，気体導入管をつけて発生した気体を調べます。グループによって調べる方法を計画して実験を進めてもよいでしょう。水上置換で気体を集める場合は，試験管に3本程度集めるようにします。

　加水タイプも同様ですが，上・右の写真のように，発生した気体を直接，石灰水や酸素の存在で青くなる「インジゴカーミン液」にそのまま通して，調べることもできます。

> **コツ！**
> 　酸素は火のついた線香以外に，「インジゴカーミン液」でも調べることができます。インジゴカーミン液は，インジゴカーミン0.2g＋重曹16.4g＋水1600mLに，ハイドロサルファイトナトリウム0.2gを少しずつ加えて黄色にしたものです。

③ 出てきた気体を生徒が議論しながら決定する

　実際に授業をすると，生徒がいろいろな考えを出します。

次のような例があります。

・酸素か二酸化炭素かのどちらかの結果が１つ出た段階で結論としてしまい，実験を終えてしまう。
・酸素と二酸化炭素が両方という意見に対して，二酸化炭素の中で火が燃えるはずがないと主張する。
・自分のグループの結論が他のグループの中で少数派になった場合，自分たちの結果が間違いであると思い込んでしまう。

　各グループで個別実験した場合，黒板に結果を書かせると，他のグループと自分たちの班の結果と比べながら話し合いができます。
　何人かの生徒は，「１つの実験で２種類の気体が出てくるはずがない」と考えています。ここでどのようにすればよいか生徒に議論させることが大事です。
　生徒同士の議論の中で，既習事項を調べたり，実験をやり直したりして，火のついた線香が炎を上げ，二酸化炭素が白くなることから，最終的には両方の気体が出ているという結論に達します。

コツ！
　全部のグループの結果を黒板に書くと，情報が共有されて話し合いが活発になります。

Point！

❶１つの材料から２種類の気体が出てくるので，生徒の間で議論が起こる。
❷酸素の発生に過炭酸ナトリウムを使う。
❸全部のグループの結果を黒板に書くと，他のグループとの違いがわかり，話し合いが活発になる。

13 手軽にできるミョウバンの種結晶作り

準備物：ミョウバン（生ミョウバン・焼きミョウバンどちらでも可），水道水，カップ，加熱器具，かき混ぜ棒，針金など

　ミョウバンの結晶作りは昔からある実験で「育てる」という楽しみがあります。しかし，大きな結晶をきれいに作るのは，なかなか大変です。また，いろいろな条件の変動で，大きな結晶ではなく，小さな結晶がたくさんできることがあります。

　そこで，ある程度大きな結晶を手軽に作る方法を紹介します。

① ミョウバンの水溶液を用意する

　ミョウバンはナスの漬物の発色をよくすることや，野菜のあく抜きに利用できる物質として市販されています。ミョウバンには，鉄ミョウバンやクロムミョウバンなどいろいろな種類がありますが，本実験ではアルミニウムミョウバンを使います。

　市販のアルミニウムミョウバンには，「生ミョウバン」と「焼きミョウバン」があります。生ミョウバンは結晶水が含まれており，化学式は $AlK(SO_4)_2 \cdot 12H_2O$ です。一方，焼きミョウバンは生ミョウバンを加熱脱水したもので，化学式は $AlK(SO_4)_2$ です。

　理科室に薬品として置いてあるものは，多くの場合，透明な大粒の結晶で生ミョウバンです。スーパーの調味料売り場で売っているのは，白くて細かい粉の焼きミョウバンです。どちらでも結晶作りに使えますが，焼きミョウバンの方が安価で手に入りやすいです。焼きミョウバンも水に溶かして再結晶させれば，生ミョウバンになります。

水溶液は，市販のミョウバンをお湯に溶かして作ります。このとき，結晶を育てる部屋の気温で飽和水溶液になっていることがポイントです。

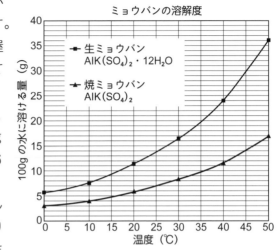

ミョウバンの溶解度

部屋の気温が20℃の場合，右の溶解度曲線から，100gの水に焼きミョウバンなら6g（生ミョウバンなら12g）溶かせば飽和になります。しかし，溶解度曲線にぴったりで水溶液を作ると結晶があまり育ちません。これは，ミョウバンの水溶液に「準安定領域」（参考文献1）があるためです。20℃の飽和水溶液は20℃付近で，溶解と再結晶を繰り返し，なかなか結晶が育ちません。

ミョウバンの結晶作りは，育てる部屋の気温に対して，何℃における飽和水溶液を作るか試行錯誤する必要があります。例えば，20℃の部屋の場合，気温＋10℃，すなわち30℃における飽和水溶液を作るとよいでしょう。

次のポイントは，作った水溶液をろ過することです。これをしないと小さい結晶がたくさん発生します。ろ紙と漏斗を使わなくても，ドリップコーヒー用の漏斗とフィルターで十分です。

このようにして作った水溶液を「母液」と呼びます。

> **コツ！**
> 気温より約10℃高い温度の飽和水溶液をろ過すると，透明度の高い種結晶を短時間で作ることができます。

② ミョウバンの種結晶を準備する

①で調整したミョウバンの飽和水溶液を放置すると，容器の底に透明な結晶ができ始めます。このときにできる結晶は気温に対して濃すぎない濃度で，しっかりろ過されてホコリなどが少なければ，ある程度透明で大きなものがいくつかできます。

種結晶として使うために，形のよいものを選んで，母液の中で育てます。

このとき，母液の上から水中に吊るす方法と，容器の底に置いて成長させる方法があります。水中に吊るすときれいな八面体になりやすくなります。底に置くと正八面体からずれた形になりやすいのですが，吊るすひもが結晶の中に残らない利点があります。

③ 種結晶を固定する

種結晶を母液に吊るすため，「糸で結ぶ」「瞬間接着剤でテグスをつける」などいろいろな方法が紹介されています。しっかり固定できるのは，細い銅線を火で焼いて，種結晶の中に刺す方法です。

細い銅線をピンセットで持ち，ガスコンロなどの火で銅線の先を熱します。赤熱したら，種結晶に突き刺します。生ミョウバンの融点は92.5℃なので，銅線の熱で結晶の一部が融解し銅線が入っていきます。銅線が冷えたときにはしっかり固定されています。一方，容器の底に置いて育てる場合，最初の種結晶の形が成長後の形に  大きく影響します。ピラミッド型になっている種結晶を選ぶとよいでしょう。

上から吊るす場合は，結晶の足りない部分をどんどん補完し，長い時間をかければ，正八面体に近づいていきます。

```
┌─────────────────────────────────────────────────────────────┐
│ コツ!                                                         │
│   種結晶を吊るす場合は銅線を焼いて刺す方法があり，結晶の中にものが残ら  │
│ ないようにするには底に置いて育てます。                              │
└─────────────────────────────────────────────────────────────┘
```

④ 結晶をセットする

　種結晶を母液にセットします。そのとき，種結晶にホコリや油分がついている場合があります。そこで，種結晶を少し水道水で洗います。洗いすぎると溶けてしまいますが，常温の水道水で1分程度洗っても肉眼で見えるほどは溶けません。また，結晶の表面が少し溶けることで凹凸が生まれ，新たにミョウバンがつきやすくなります。

　また，ホコリの多い場所では，容器の上に薬包紙やアルミホイルを軽く乗せておくとホコリが入りにくくなります。

　作った種結晶を育てる方法は，次項で詳しく紹介します。

```
┌─────────────────────────────────────────────────────────────┐
│ コツ!                                                         │
│   種結晶は水洗いをしておくと，表面が少し溶けて結晶が成長しやすくなります。│
└─────────────────────────────────────────────────────────────┘
```

Point!

❶ ミョウバンの水溶液は，気温＋10℃の飽和水溶液を作るとよい。

❷ 種結晶を吊るす場合は，結晶と糸を結ぶ方法もあるが，銅線を焼いて刺すと簡単に固定できる。

❸ 種結晶は，セットする前に水洗いをして表面処理をする。

〈参考文献〉
(1)左巻健男『理科　おもしろ実験・ものづくり完全マニュアル』東京書籍

⑭ 3つの方法でできる ミョウバンの種結晶育成

準備物：ミョウバン（生ミョウバン・焼きミョウバンどちらでも可），水道水，カップ，加熱器具，かき混ぜ棒，針金，（スチロールケース，温度計）など

「手軽にできるミョウバンの種結晶作り」（p.60）で作った種結晶を育てる方法を紹介します。時間はかかりますが，観察するたびに成長していく結晶にワクワクし，自然界の規則性を感じることができます。

育てる方法として，①温度降下法，②溶媒蒸発法，③密度拡散法の3つを紹介します。どの方法にも一長一短がありますが，準備できるものや育てる環境に応じてベストな方法を選ぶことが大切です。

① 温度降下法で育てる

3つの方法の中で一番速く結晶が成長します。

ミョウバンは温度が高いときにたくさん水に溶け，温度が下がると溶ける量が減ることを利用した方法です。水溶液中に溶ける量が減った分が，種結晶につきます。

ミョウバン水溶液の温度を高くして，ミョウバンを飽和するまで溶かした母液を作ります。そこに種結晶をセットして，温度を徐々に下げていきます。温度をゆっくり下げるために，発泡スチロールケースなどに入れて断熱します。また，母液を容器ごと母液と同じ温度のお湯に漬けておく方法もあります。お湯の温度は徐々に下がりますが，さらにゆっくり下げるために，お湯を加熱しながら加熱のパワーを徐々に下げる方法もあります。

この方法は，速く成長する分，透明度や正八面体の美しさは他の方法に比べて劣る場合があります。

② 溶媒蒸発法で育てる

　最も手軽な方法です。母液の水面から溶媒（水）が蒸発して水溶液の濃度が高くなり，溶けきれないミョウバンが種結晶にくっついて成長します。母液と種結晶があれば，そのまま放置するだけである程度の結晶が成長します。

　母液にホコリが入らないようにしたいのですが，完全に密封すると水が蒸発しません。そこで，容器の上に薬包紙やアルミホイルを乗せて，すきまから水を蒸発させます。また，右：左の写真のようにペットボトルの上半分を使う方法もあります。結晶が成長して大きくなってきたら，右の写真のように大きな容器に移し替えます。母液を継ぎ足すときには，気温＋10℃の飽和水溶液を作り，ろ過してから使います。

　この方法は，結晶の成長速度が溶媒である水の蒸発速度に関係するので，水がゆっくり蒸発する場合は透明度の高い結晶を成長させることができます。

コツ！
　母液を継ぎ足すときは，気温＋10℃の飽和水溶液をろ過して使います。

　次の写真は，正八面体の１つの辺が５cmくらいに成長するのに約６ヶ月程度かかった例です。少し透明でない部分がありますが，概ね正八面体になっています。容器の底に置いて育てる場合，底についている面は結晶が育たないので，横に広がる傾向にあります。そのため，定期的に向きを変えながら育てます。底に他の余分な結晶ができ始めるとくっついてしまいますので，取り除いてください。容器を置く場所は，温度変化やホコリが少ない場所が適しています。容器に直射日光が当たり，温度が上がりやすい環境では，水が急速に蒸発するため，透明度が低い結晶になってしまいます。

銅線で吊るした結晶　　　　　　　容器の底に置いて作った結晶

③ 密度拡散法で育てる

　容器の上部と下部で温度差を作ることで，水溶液の密度に差が出てきます。その差を利用して，低温部にセットした種結晶を育てます。

　温度差を作る方法として，水の気化熱を利用します。下の図のように1Lペットボトルを容器として，底の部分を水に浸します。水が蒸発することで容器の熱を奪います。容器の上部が気温で，下部が気温より少し低い温度になり，密度の差が生まれます。

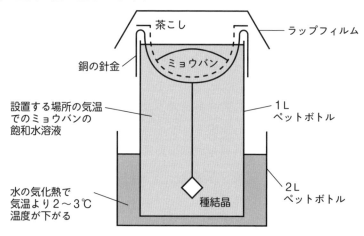

茶こし　　　　　　　　　　　　　ラップフィルム

銅の針金　　　　　　ミョウバン

設置する場所の気温
でのミョウバンの　　　　　　　　　　　1L
飽和水溶液　　　　　　　　　　　　　ペットボトル

水の気化熱で
気温より2〜3℃　　　　　　　種結晶　　　　2L
温度が下がる　　　　　　　　　　　　ペットボトル

母液を完全に密閉して育てるので，ほとんどホコリが入りません。そのため，透明度の高い結晶が成長します。一方，３つの方法の中では，成長速度が最も遅くなります。

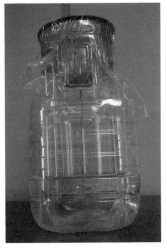

密度拡散法の装置

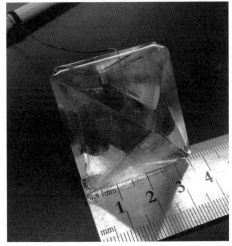

透明度の高い結晶

コツ！

　容器の上下で温度差をつけるには，水の気化熱を利用する方法が便利です。

　以上の３つの中では，中学生が個別に実験する場合，②の溶媒蒸発法がオススメです。クラス数が多い場合，班ごとに１つの容器を使い，種結晶は１人１つという方法もあります。季節にもよりますが，種結晶をセットした初日は，１日で約５mm程度成長することがあります。

Point!

❶温度降下法は最も早く結晶を成長させる。
❷溶媒蒸発法は準備などが手軽であり，ある程度透明な結晶ができる。
❸密度拡散法は大がかりになるが，ホコリが入らず透明な結晶ができる。

⑮ 融点，過冷却，火成岩の組織 の実験を簡単に

準備物：ハイポ（チオ硫酸ナトリウム，金魚の水のカルキ抜き），18mm 試験管，16.5mm 試験管，温度計，300mL ビーカー，加熱器具，シャーレなど

　水道水を金魚を飼う水として，すぐに使いたいときに入れる透明の結晶は「ハイポ」の名前で市販されています。

　このハイポは融点が48℃であり，過冷却を起こしやすく，凝固するときにきれいな模様になります。この性質を使うと，中学校で行う①融点の測定，②過冷却の実験（エコカイロのしくみ），③火山岩と深成岩のモデルの３つの実験を簡単に行うことができます。

① 融点の測定実験を短時間で行う

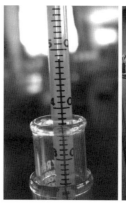

　教科書などに載っている融点測定の実験は，多くの場合パルミチン酸などの脂肪酸を使っています。室温からゆっくり温度を上げて実験するので，パルミチン酸の融点（63℃）まで上げるのに時間がかかります。ハイポは融点が約48℃なので，時間が節約できます。

　ハイポの結晶が大きなものを購入した場合，ろ紙で包んでハンマーなどで叩いて細かくして試験管に入れると，温度計の感球部にしっかりハイポが当たります。また万が一机などにこぼれた場合でも，ハイポなら水に溶けるので，処理がしやすいです。

② 過冷却の実験をする（エコカイロのしくみを学ぶ）

　水を冷凍庫で徐々に冷やし，過冷却を体験する実験はよく知られています。
しかし，冷凍中に凍ってしまうなど，水の場合，条件制御が難しい部分があ
ります。その点，ハイポを使うと過冷却実験の成功率が高くなります。

　試験管にハイポを少量入れてゆっく
り加熱し，中のハイポを液体にします。
その後，試験管の周りに水道水をかけ
て冷却します。すると，室温まで液体
のままです。水の過冷却実験では少し
の衝撃で氷になってしまいますが，ハ
イポは衝撃程度では固体になりません。

　常温になったハイポの液体をシャー
レなどに移して，ハイポの小さなかけ

らを液体に入れると，一気に固体になります。このとき，温度が上昇します。
これは，液体のハイポが持っていた潜熱が固体になる状態変化で解放された
ためです。

　この熱を利用するとカイロになります。鉄の酸化熱を使った使い捨てカイ
ロと違い，ハイポの固体を融解すればまた使えます。市販のエコカイロとし
ては「酢酸ナトリウム」を使ったものがあります。

　次の写真のように少量であれば，過冷却の状態のハイポが一気に固体にな
るときの熱を手のひらで感じる方法もあります。この実験はやや熱くなるの
で，固まって潜熱を感じたら，すぐに水道水で冷やしてください。

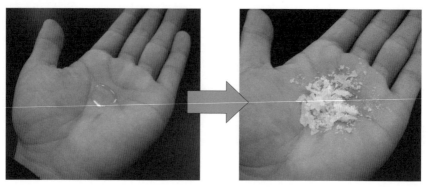

| 過冷却状態のハイポ（液体） | 一気に固体になったハイポ |

コツ！

　ハイポを過冷却から固体にするときにハイポの結晶を入れると一気に進みます。

③ 火山岩と深成岩のモデル実験をする

　②で作ったハイポの液体は，氷などで急に冷やすか，常温でゆっくり冷やすかで固体になったときの結晶の大きさや模様が異なります。これを利用すると，火山岩と深成岩のでき方のモデル実験に使えます。

氷で急冷したハイポ

室温でゆっくり冷やしたハイポ

p.70の写真のように，急冷したハイポは小さな結晶がたくさんできます。一方，室温でゆっくり冷やしたハイポは，大きな結晶のまとまりになっています。マグマとハイポで，正確な比較はできませんが，冷えていく速さと，できる結晶の大きさの違いの関係は考察できます。

　次は，ハイポの結晶を蛍光灯の光に透かして観察した写真です。

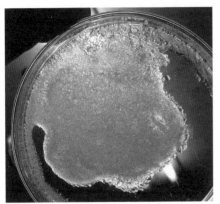

氷で急冷したハイポ　　　　　　　室温でゆっくり冷やしたハイポ

模様のコントラストがはっきりするので，両者の違いがよくわかります。

コツ！

　急冷するときは，火山噴火の衝撃も再現して，シャーレを揺らすと速く固まります。

Point!

❶ハイポは50℃付近に融点がある，水で洗える結晶。融点の測定にぴったり。

❷過冷却の実験では振動などを気にせず，簡単に過冷却を観察できる。

❸徐冷する場合でも，授業時間内で結晶を得ることができる。

⑯ 生徒一人ひとりが持ち帰れる分子模型作り

準備物：手作りの枕に入れる発泡スチロールビーズ，アクリル絵の具，ビニル袋，アクリルエマルジョン接着剤（なければ発泡スチロール用接着剤か木工用ボンド），ピンセットなど

　プラスチック製の分子模型は高価ですので近年，直径３cm くらいの発泡スチロール球で作る分子模型も紹介されるようになってきました。しかし，生徒１人に１つ行き渡らせるのは予算上も困難です。

　そこで，手芸用品店で売っている，クッションの中身に使う直径３mm や６mm のスチロールビーズ（以下：ビーズ）を使い，生徒が１人１つを持ち帰ることができる分子模型を作る方法を紹介します。

① ビーズに色をつける

　発泡スチロールでできたビーズの表面に色づけする着色剤としては，アクリル絵の具が適しています。しかし，ビーズの１球１球に筆で色を塗っていては大変な時間がかかります。

　そこで，球であることを利用して一気に着色します。着色したいビーズを家庭用のビニル袋に３分の１程度入れます。その後，アクリル絵の具を少量（チューブから出した長さで２cm 程度）入れてビニル袋の口を手で閉じます。

　ビニル袋を両手で持って円を描くように動かしながら中身をよくかき混ぜます。すると，ビーズの表面に絵の具がなじみ始めます。

　ビーズと絵の具の量がちょうどか，絵の具の量が少なければ20回程度かき混ぜた段階で均一に着色され，概ね乾燥しています。絵の具の量が多ければ，ビーズを足すか，袋を開けたままで少し放置すると乾燥します。絵の具の色は，単色で使っても混ぜて使っても大丈夫です。

| アクリル絵の具を入れる | ビニルごと混ぜる | 均一に着色される |

コツ！

　絵の具を入れる量は最初少なめにして少しずつ増やしていくと，混ぜただけで乾燥した状態になり，ビーズの表面に絵の具が広がります。

---

② ビーズ同士をくっつける

　ビーズをくっつけたままでよいのであれば，発泡スチロール用接着剤や木工用ボンドで固定するのがオススメです。アルミホイルの上に接着剤を出して，ある程度堅くなってから爪楊枝などでビーズにつけるとうまくいきます。ビーズ同士をつけたり離したりしたい場合は，紙同士の仮止め剤として市販されている「アクリルエマルジョン接着剤」がオススメです。大きな手芸用品店などで市販されています。「仮止め剤」などの言葉が容器に書いてあります。

　右の写真のように，クリアフォルダなどにアクリルエマルジョン接着剤を出して水分を乾燥させると粘着力のある玉ができ，ピンセットで扱えば，ビーズ同士をつけたり離したりできるようになります。

③ 作る分子に合わせて組み立てる

　最初は複雑な分子を作るより，気体の二原子分子（O_2など）や水（H_2O）などの簡単なものがオススメです。

　右の写真は酸素を水色，水素を白色として，水分子を作り，ビーカーに入れた例です。水が分子でできていることは，1個の分子模型ではイメージしにくいです。そこで，ビーカーに大量に入っている様子を見て，指を入れるなど模型に触れることで，少しずつ「粒子の集まり」という「粒子概念」が形成されるきっかけとなります。

　次に，酸化銅（CuO）です。銅原子と酸素原子が1：1で結びついていることは化学式からすぐに想像ができますが，立体構造を右の写真のように再現すると，いろいろなことに気づきます。例えば，銅と酸素が水平方向だけでなく垂直方向にも交互になっています。そのため，水平方向の層によって，銅5つ酸素4つの層と，銅4つ酸素5つの層が交互になっています。

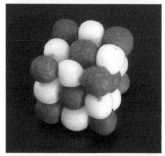

　同じ大きさのビーズを組み合わせても模型はできますが，ビーズの大きさが2種類以上あるとさらによいでしょう。右の写真は，食塩の結晶模型です。小さい粒がナトリウム原子，大きい粒が塩素原子を表します。原子の大きさの比率は再現できていませんが，角の部分を大きい原子にするか小さい原子にするかで2種類作れ，

それが同じ物質を表していることに気づけると良いと思います。

少し難しいですが，水（H_2O）の分子６つを単位として，氷の結晶を再現しても学習が深まります。

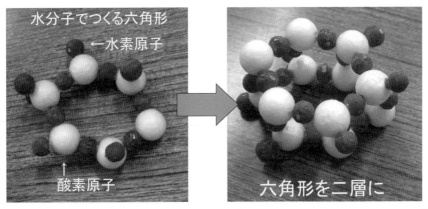

模型では，水素結合を共有結合に近い形で再現してしまっていることに注意が必要です。水分子の「へ」の字の形は，雪の結晶が六角形であることにつながっていると気づくきっかけになるかもしれません。分子の形と実際の結晶の形との関係についての学習が大変深まります。

> **コツ！**
> 　最初は簡単な分子を作ります。大人数で分子模型を大量に作ると，物質が原子でできているイメージがつかめるきっかけになります。

Point！

❶ ビーズの着色は，アクリル絵の具とビーズをビニル袋に入れて一気に行う。

❷ ビーズ同士をつけたり離したりするには，シールの接着面などに使われている仮止め剤のアクリルエマルジョン接着剤を使うとよい。

❸ 分子模型をたくさん作って容器に入れると，物質が粒子でできているという「粒子概念」の習得のきっかけとなる。

⑰ 金属の性質を調べやすくする 酸化銀・酸化銅の還元

準備物：酸化銀から還元した銀，酸化銅から還元した銅，ステンレス皿，三脚と三角架，カセットボンベのバーナーなど

　酸化銀を加熱して銀を取り出したとき，その表面は白っぽい色をしています。試験管の底で擦ると金属光沢面が現れますが，電気伝導性を確かめると，固まりとして不連続であり，生徒によっては「電気を通さない」という結論を得る場合もあります。

　そこで，カセットボンベのバーナーを使って銀や銅の融点まで上げ，固めてから性質を確かめる方法を紹介します。

① 酸化銀から還元した銀を固める

　ステンレス皿の上で作業をしますが，ステンレス皿を机の上に置くと，机が熱で痛んでしまいます。三角架をつけた三脚の上にステンレス皿を置き，試験管の中で還元させた銀を乗せます。

　得られた銀をカセットボンベのバーナーの火で熱します。

　ステンレス皿に熱が吸収されてしまい，なかなか銀の温度が上がりません。

そこで，ステンレスの棒や薬さじなどで少し銀のかたまりの端を持ち上げ，ステンレス皿から離れた部分を作り，そこをバーナーで熱します。

ステンレス皿に銀がくっついて離れない場合もありますので，水槽にためた水の中にステンレス皿ごと入れます。すると熱収縮が起きて，ステンレス皿と銀が離れやすくなります。

コツ！

銀の温度が上がらない場合は，薬さじなどを使って，ステンレス皿から銀を離すと上がりやすくなります。

---

② 酸化銅から還元した銅を固める

銅の場合は①の銀の場合に比べて熱量がより多く必要です。

そのため，銅を乗せたステンレス皿を下からガスバーナーで加熱します。同時に，カセットボンベのバーナーで上から熱して，銅のかたまりを作ります。銅の表面は少し酸化されますが，新しくできた酸化銅の膜が強固であり，中まで酸素が反応しません。

不思議なことに，得られた銅をバーナーで強熱してもそれほど酸化しません。別の視点で見れば，銅粉を酸化させて酸化銅を得る実験は大変難しいことがわかります。

　また，バーナーには酸化炎と還元炎があることも，この場面で確かめることができます。外側の酸化炎で銅を加熱すると，表面が少し酸化して変色します。一方，炎の内側の還元炎で銅を加熱すると炎の中にいる間は，表面の酸化した部分が還元され，赤っぽい銅の色に戻ります。

　ステンレス皿から銅を取り出すときは，①の銀と同様に，ステンレス皿ごと水槽にためた水の中に入れます。銀とは違い，表面に酸化膜ができているため急冷すると表面にひび割れを起こし，酸化膜が少し剥がれるのがわかります。

コツ！
　酸化銀のときよりも熱量が必要なので，下からも加熱します。また，銅は急冷することによって表面の酸化膜にひびが入り，少し剥がれます。

---

③ 固めた銀や銅の性質を調べる

　固めた銀や銅は金属の３つの性質をすべて示します。表面の光沢については，銀はそのままの状態で光沢があり，銅も少しヤスリで擦ると光沢を示し

ます。次の写真は，銅をカセットボンベのバーナーで融解させて固めたもの
です。左は固めて急冷した状態のもの。右は紙ヤスリで表面を磨いたもので，
金属光沢が確認できます（大きさは5mm前後）。

　電気伝導性は，豆電球と乾電池でも十分調べることができる大きさのかた
まりになっています。
　展性と延性については，固める前の状態では粉々になってしまうことがあ
り，ほとんど示せないことがありますが，この方法で固めたものは，金床の
上で金槌で叩くことではっきり示すことができます。

コツ！
　表面が酸化してしまっていても，ヤスリで削ると金属光沢が現れます。

Point!

❶金属をステンレス皿から少し浮かすと，熱がステンレス皿に逃げにくくな
　りうまくいく。
❷銅は一度酸化膜ができると強固であり，中まで酸化しにくいため酸化銅に
　戻りにくい。
❸固めた金属は，電気伝導性や展性・延性を確かめやすい。

（18）質量比を正確に！ 酸化銅の定比例実験

準備物：銅粉（粒の大きさが小さいもの），ステンレス皿，ステンレス針金，電子てんびん（0.01gまで測れるもの），ガスバーナーなど

　銅を空気中で加熱すると，酸素と銅が結びついて酸化銅になります。このとき，質量比で銅：酸素＝４：１で結びつきます。しかし，実験でこの比になかなか近づきません。普通に実験すると８：１程度になってしまいます。

　そこで，実験方法を工夫して４：１に近づける方法を紹介します。

① 銅粉を準備する

　銅粉がすでに酸化していると，うまくいきません。なるべく新しいものが準備できると良いようです。古い銅粉は表面についている酸化銅を，酸で溶かす方法があります。

| 5％塩酸で処理 | 10％塩酸で処理 | 10％硫酸で処理 |

　そこで，塩酸や硫酸で古い銅粉の酸化銅を溶かして水洗いをし，乾燥させる方法を試しました。しかし金属光沢は得られず，赤い状態でした。酸で処理する前後で酸化する実験を行って比較したところ，銅粉１gに対して，つく酸素は0.02g以上変わりませんでした。

　この原因は古くなった銅粉が黒ければ CuO が表面についていて，塩酸と

反応して $CuCl_2$ となり水中で電離するので，洗い流せば銅粉と分けることができます。しかし，古い銅粉は赤い色をしています。これは，おそらく Cu_2O であると考えられます。Cu_2O は塩酸と反応して，

$$Cu_2O + 2HCl \rightarrow 2CuCl + H_2O$$

となります。この反応で生じた $CuCl$（塩化銅（Ⅰ））は白い沈殿であり，ほとんど電離しないので，水洗いしても銅粉に紛れて残ってしまっている可能性があります。これが，酸で処理をしても，酸素を受け取ることができる銅が増えない原因の1つであると考えられます。

最近では，表面に薄くステアリン酸をコーティングした銅粉も市販されています。表面がほとんど酸化しないため，写真ではわかりにくいのですが金属光沢があります。この銅粉を使うと古い銅粉に比べて5％程度多く酸素がつく傾向があります。

もちろん，少しでも表面が酸化していない銅粉を使うことが大切です。しかし，銅：酸素＝4：1に近づけるためには，後述しますが，銅粉の状態よりも加熱条件の方が大きい要素になります。

コツ！

　少しでも新しい銅粉やコーティングされた銅粉を使うと，銅：酸素＝4：1に近づけることができます。

② 三角架を新しく作る

　この実験では，ステンレス皿を強熱するために，三脚の上には金網ではなく三角架を乗せます。三角架を使って銅粉を加熱するとわかりますが，加熱直後は三角架の形の通りに銅粉の色が変化します。これは三角架の素焼きの部分にガスバーナーの熱が奪われ，三角架の外に熱が伝わりにくくなっているためです。

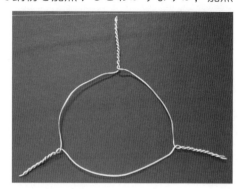

　そこで，右の写真のようにステンレス針金を使って，新しく本実験専用の三角架を作ります。

> **コツ！**
>
> 　三角架はステンレス針金でステンレス皿の形に合わせて作ると，ガスバーナーの熱が伝わりやすくなります。

③ 加熱方法を工夫する

　ガスバーナー自体が高温にできるものでないと難しいため，次：左の写真のように補炎口がついている（バーナーの先が二重になっている）バーナーがよいです。また，加熱中に実験室の照明を消して，ステンレス皿の色を見てください。三角架に邪魔をされず，ステンレス皿全体が薄い赤になっていれば十分な温度になっていることがわかります。薄い赤ですと約700℃です。

　銅粉が酸素と多く触れるようにするため，かき混ぜる動作がよく紹介されていますが，この動作は逆効果の面もあります。上記のようにガスバーナーとステンレス皿，銅粉がしっかり接触して，熱伝導がよい状態になっているところに，かき混ぜる動作によって，すきまができて接触が少なくなります。

酸素と触れ合うメリットもありますが，温度が十分上がらなくなるデメリットもあるわけです。

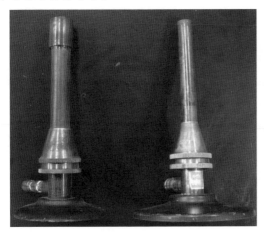

　さらに，何回も加熱する方法もありますが，一度冷やしてしまうと銅粉が熱収縮しひび割れを起こしてしまい，ステンレス皿との接触が悪くなります。

> **コツ！**
>
> 　銅粉はステンレス皿に乗せ，かき混ぜないで10分間強熱する方法が最も酸素との結びつきがよい結果になります。この方法で0.5gの銅粉が0.62gになりました（Cu：O＝4.16：1）。

Point！

❶銅粉は新品がよい。ステアリン酸でコーティングされている銅粉もある。

❷市販の三角架は素焼きの部分で熱が吸収されるので，新しく作る。

❸銅粉とステンレス皿が密着していることが大切＝混ぜない。一度で加熱。

〈参考文献〉
⑴重松聖二「金属の酸化反応における量的関係の指導法の検討」愛媛県総合教育センター
　https://center.esnet.ed.jp/uploads/06kenkyu/03_kiyou_No74/h19_22-02.pdf

⑲ イオンの大きさを見える化

準備物：金網，ろ紙，セロファン，ゴム膜，食塩，硝酸銀，ペットボトル，ゴーグル，手袋，ビーカーなど

イオンの学習は，肉眼では見えない大きさの粒子を扱うため，なかなかイメージがつかめません。そこで，イオンの存在を「見える化」します。また，粒子の大きさをイメージするために，フィルターにかけたときにイオンが通過するかどうかを調べます。そのとき，フィルターの「目の大きさ」から，イオンの大きさを推測します。

本実験では，食塩水に含まれる塩化物イオンの大きさを調べます。

① フィルターを準備する

塩化物イオンの直径は0.36nm で周囲に水分子がついた場合，トータルで直径１nm 程度（参考文献１）になるので，目の大きさが１nm 前後のフィルターを用意する必要があります。本実験ではフィルターの「目の大きさ」の違いで４種類準備します。目が大きい順に，金網，ろ紙，セロファン，ゴム膜です。

それぞれ目の大きさは，約１mm，１μm，３〜５nm，0.1nm になります。金網とろ紙は，フィルターとして金網のふるいやコーヒーフィルターなど日常生活で見られます。セロファンはだ液の実験で，デンプンと糖を分ける膜として使われています。ゴム膜は何も通さないように見えますが，気体分子の大きさくらいの穴があります。ゴム製の風船に空気が入っているものと，ヘリウムが入っているものを比べると，ヘリウムが入っているものが早く萎みます。これは，ヘリウムの分子の方が空気に含まれる窒素や酸素の分子よりも小さく，ゴム膜を早く通り抜けるからです。

穴開け後

元のふた　　表から　　裏から

　フィルターは，ペットボトルの口の部分に取りつけます。上の写真のようにペットボトルの蓋に穴を開けます。セロファンの場合，ペットボトルの口の部分にセロファンを被せ，ピンと張った状態のまま加工した蓋を取りつけます。ペットボトルは逆さまにして使うので，35mmの穴を開けたプラスチック板を準備してペットボトルを支える台にします。

> **コツ！**
> 　セロファンやゴム膜にも，ナノレベルの穴が開いていることを利用します。

② フィルターを通ったかどうかを「見える化」する

　電解質水溶液である食塩水は，水の中でナトリウムイオンと塩化物イオンに分かれています。ナトリウムイオンの見える化は難しいのですが，塩化物イオンの見える化は硝酸銀水溶液で可能です。硝酸銀水溶液が塩化物イオンに触れると塩化銀となり，白い沈殿ができます。塩化物イオンがあるかどうかは，硝酸銀水溶液が白くなったかどうかでわかります。

　ただし，硝酸銀は手につくと，しばらく黒い跡がとれません。ゴーグルと手袋をして扱ってください。

　実験では，４種類のフィルターの上に0.5％食塩水，下に0.1％硝酸銀水溶液を置きます。食塩水がフィルターを通過すれば，下の硝酸銀水溶液が白くなることでわかります。次の写真のように金網，ろ紙は一瞬で下に通過し，セロファンは糸が垂れていくように通過します。ゴム膜は通りません。

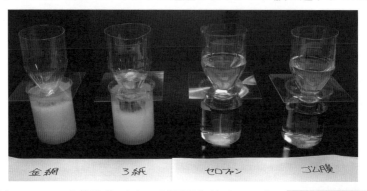

　右はセロファンを塩化物イオンが通過し始めるのを下から見た様子で，食塩水をセットして，40秒後の写真です。

　セロファンを通った塩化物イオンが硝酸銀と反応して，白くなり，沈殿としてゆっくり沈んでいく様子が観察できます。

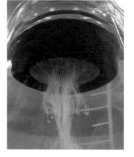

③ 4つのフィルターの結果からイオンの大きさを推測する

　実験では，金網，ろ紙，セロファンでフィルターを通過し，ゴム膜を通過しない結果となります。このことから，塩化物イオンの大きさは，セロファンの目の大きさよりも大きく，ゴム膜のそれよりも小さいことがわかります。

　不等号を使って表すと，

セロファンの目の大きさ　＞　Cl^-　＞　ゴム膜の目の大きさ

3nm　＞　Cl^-　＞　0.1nm

という結果が導かれます。

　この結果をもとに，グループで話し合いを行い推測していきます。砂場で「ふるい」などを使って遊んだ経験がある生徒なら，ふるいの目の大きさと砂粒の大きさを比べ，この推測をするのは難しくないようです。

Point!

❶イオンの大きさをフィルターの目の大きさで間接的に測ることができる。

❷塩化物イオンの見える化には，硝酸銀が有効である。濃度の調整が重要。

❸肉眼で見える結果を使って，肉眼で見えない大きさを推論する。

〈参考文献〉

⑴大瀧仁志，1993年，「水の中の分子を見る」，化学と教育41巻7号，445：444-450

❷⓪ イオンの電気泳動を短時間に

準備物：ろ紙，リトマス紙，スライドガラス，目玉クリップ，電源装置，硫酸ナトリウム，塩酸，水酸化ナトリウムなど

　イオンの電気泳動は，＋か－かどちらかというはっきりした結果がわかり，イオンが「電荷をもっている」という決定的な証拠を観察できます。また，リトマス紙の色の変化から，酸とアルカリの正体へとつながります。

　一方で，実験に時間がかかったり，失敗すると＋か－かはっきりせず混乱したりするなど，難しい実験という一面があります。そこで失敗しても，もう一度授業内で短時間にやり直せる工夫を紹介します。

① 食塩水ではなく，硫酸ナトリウムを使う

　スライドガラスの上にろ紙をのせ，リトマス紙を置きます。このままでは電流が流れにくいため，ろ紙に電解質である食塩水を染み込ませますが，ここでは，5％の硫酸ナトリウム（Na_2SO_4）水溶液を使います。

　この実験では電解質に電圧を加えるため，どうしても電気分解が起こります。食塩水を電気分解すると，陽極（＋）に塩素，陰極（－）に水素が発生します。この塩素が陽極を腐食させてしまいます。

　硫酸ナトリウムを使っても，陽極から酸素，陰極から水素が発生します。長時間電圧を加えると，電極に近い部分からリトマス紙が変色してしまうので，この実験は短時間で行う必要があります。また，硫酸ナトリウム水溶液の量は，ろ紙とリトマス紙が十分に濡れる程度染み込ませます。

コツ！

　食塩水の代わりに硫酸ナトリウムを使うと，電極の腐食が緩和されます。

---

② 電圧をかけてから酸やアルカリを置く

　この実験で結果がうまく出ない場合，原因の多くは，塩酸や水酸化ナトリウム水溶液の拡散です。拡散は，＋と－の両方向に瞬時に進んでいきます。そのため，リトマス紙の中央に酸やアルカリを置いた後で電圧を加えると，電圧を加えるまでの間に，ある程度拡散が進んでしまいます。

　そこで，酸やアルカリを置く前に電圧を加えておきます。リトマス紙に乗せた瞬間から電場が影響しますので，拡散による失敗が少なくなります。

　リトマス紙に酸やアルカリを置く方法ですが，竹串の尖った部分に少しつけて，リトマス紙の中央に鉛筆で引いた線をなぞる方法がオススメです。

　下の写真は，電源装置を用いて電圧を20Vに設定した結果です。

塩酸を置いてから1分

塩酸を置いてから2分

　この実験をあまり長時間行っていると，使用した電解質（ここでは，硫酸ナトリウム）が電気分解されます。その結果，陰極側が酸性，陽極側がアルカリ性になり，リトマス紙まで達すると色が変わってしまいます。なるべく短時間で終わらせるようにすることがポイントです。

コツ！
　塩酸や水酸化ナトリウム水溶液を置く前に電圧をかけておきます。

---

③ さらに短時間で実験を行う

　リトマス紙の両端に目玉クリップなどを電極として電圧を加えます。短絡などが起きないように安全に配慮しながら電源装置の最大の電圧で実験できれば，素早く実験できます。ただし，装置によっては高い電圧が出せないものもあります。

　そこで，電源装置の電圧がそのままでも，単位長さ当たりの電圧の高さ（電場の強さ）を大きくする方法によって解決します。電場は，電極間の距離を短くすることで強くなります。距離を半分にすると，電場の強さは2倍になります。電場が強ければイオンの移動が活発になるので，結果がわかりやすくなります。

　この実験では，スライドガラスの長い方向に電圧をかけるのが一般的ですが，さらに電場を強くする場合は，スライドガラスの短い方向にリトマス紙を置き，電極間の距離を短くします。

　電解液を染み込ませるとろ紙とリトマス紙が「伸びる」ので，上：左の写真のように片方だけクリップでとめた状態で電解液を染み込ませてから反対側のクリップをとめるとうまくいきます。

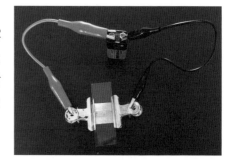

この場合の電源は，電圧が9Ｖもあれば十分です。また，この実験自体が大電流を必要としないので，006Ｐ型の乾電池で実験可能です。

| 1分後 | 2分後 | 3分後 |

　電場を強くした分，電圧が9Ｖでも，１分以内で上の写真のように結果が出ます。しかし，電解質の電気分解による変色も速く進行してしまいます。２分で陽極が変色し始め，３分で中央につけた塩酸の部分まで変色し塩酸によって赤だった部分が青になってしまいます。

　スライドガラスの短い方向で実験を行う場合は，時間をかけずに，結果が出た段階（上の写真であれば１分後）で電圧をかけるのをやめて結果を記録するのがポイントです。

コツ！

　電極間を短くすると電場が強くなり，短時間で結果がわかります。

Point!

❶食塩水の代わりに硫酸ナトリウムを使うと，電極の腐食が緩和される。

❷失敗の原因の１つは「拡散」であり，電圧を加えた状態で酸やアルカリを置くと失敗しにくい。

❸電極間を狭くすると電場が大きくなり，短時間で実験できる。また，電圧が低くても結果が出るので，電源装置の代わりに乾電池を使うことができる。

㉑ プレパラートやマッチを安全に管理

準備物：飲み薬ケース（100円ショップで売っているものでもよい），カバーガラス，スライドガラス，ピンセット，小さなマグネットなど

　顕微鏡観察は，ガラス器具やピンセットなど，扱い方によっては危険なものもあります。特に，カバーガラスなどの管理は丁寧に行わないと，いろいろなところに散乱し，ケガの原因になります。

　そこで，器具の数を数えて管理したり，元の状態にきちんと片づけたりする習慣を生徒に身につけさせる工夫を紹介します。

① カバーガラスとスライドガラスを数で管理する

　顕微鏡の授業を行うと，カバーガラスの回収が大変難しい現状があります。ガラスのかけらが床に散乱したままになりやすく，大変危険な状態です。特に実験室の清掃担当は，床の拭きそうじを行うため，ガラスの破片がついた雑巾を絞ってしまうと大ケガにつながります。

　そこで，ガラス製品を「生徒１人が１枚管理する」方法を紹介します。

カバーガラスの場合，グループごとにケースに入れて持っていきます。p.92の写真は，18mm角のカバーガラスがちょうど3枚（3人分）入るケースの例です。6人グループであれば，このケースを2つ持っていきます。このケース以外にも「小物入れ」として，多くのプラスチックケースが市販されています。

コツ！

　ガラスは数で管理します。1人1枚管理するとわかりやすいです。

　右の写真は，1グループ6人で6グループの場合の例です。飲み薬ケースは1週間分まとめるので7つあります。7つめは「先生用」となっています。ケースの中から，自分で使うカバーガラスを1枚取り出し，プレパラートを作製します。5人のグループであれば1枚を使わないでおくことにします。
　もし観察中にカバーガラスを割ってしまった場合は，破片をすべて集めて，

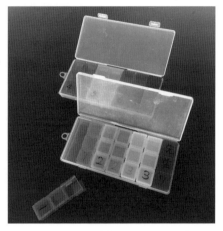

教師のところへ持っていきます。割れたカバーガラスと新しいカバーガラスを交換し，実験を続けます。
　観察が終わったら，水分をガーゼなどで拭き取ってからケースにしまいます。グループで6枚揃っていることを確認して，教卓にケースごと返します。万が一6枚揃わない場合は，自分が観察した周囲や床を探します。この方法を徹底すると，床がカバーガラスの破片で危険な状態になっていることがほとんどなくなります。また，教科書やノートの間，筆箱の中にガラスが入ったまま持って帰ってしまうことも防げます。
　理科の学習では「危険なものを安全に扱う方法」を学ぶことも大切です。カバーガラスの管理はその学習の一つです。また，カバーガラスだけでなく，

スライドガラスもグループごとに配った数を確認することをオススメします。スライドガラスは，ケースに入れなくてもある程度の大きさがあるので，グループの枚数ごとに重ねて回収する方法で十分チェックできます。

② マッチも数で管理する

　オオカナダモの湯煎など，加熱器具に火をつけるときにマッチを使う場合があります。マッチの燃え殻も，数で管理する方法を紹介します。

　グループごとにマッチを配るとき，箱の中に3本マッチを入れて配ります。マッチの箱にはグループの番号を書いておきます。

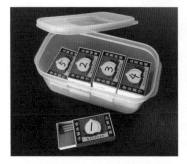

　マッチを使ったら，燃え殻を一時的に金属皿などに入れておきます。その後，点火や消火を繰り返し4本目のマッチが必要になったときには，教卓に行って，燃え殻3本と新しいマッチ3本を交換します。これを繰り返し，各グループで必要な本数のマッチを使います。実験が終わったら，新しいマッチが3本入っていることを確認して教卓に返します。

　この方法では，流しなどに据え置きの「燃え殻入れ」が不要になります。また，燃え殻を間違って燃えるゴミのゴミ箱に捨てることや，燃え殻が何かに紛れて実験室の外に運ばれてしまうことがなくなります。

コツ！
　マッチは燃え殻を必ず回収します。新しいマッチは燃え殻と交換します。

---

③ ピンセットを片づける

　ピンセットも先が尖っており，危険な実験器具の一つです。きちんと回収させたいものです。そこでケースにしまう方法を紹介します。①で紹介した，薬の外側のケースを使った例です。下：左の写真のように，ケースにドリルで穴を開け，小さなネオジム磁石をはめ込みます。透明なテープなどで固定し，その上にピンセットの「もと」の部分を右の写真のようにくっつけます。

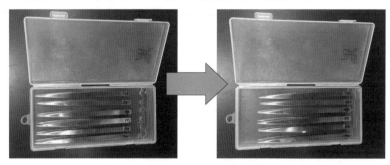

　この方法なら，ピンセットに書かれた番号が見える向きのままで並べることができ，回収できていないグループの番号がすぐわかります。また，ケースの蓋をすれば，並べた状態でほとんど崩れません。次回使うときも，整頓された状態で観察を始めることができます。

> **コツ！**
> 　ピンセットなど磁石につく器具は，並べたい場所に磁石をつけておくときれいに収納することができます。

Point!

❶ カバーガラスやスライドガラスは「1人で1枚管理」を徹底するとよい。
❷ マッチは，燃え殻と新しいマッチを1対1で交換する。
❸ 磁石につく器具は，元の場所に磁石を使って収納すると整頓しやすい。

㉒ 成功するオオカナダモの ヨウ素デンプン反応観察

準備物：ペットボトル，オオカナダモ，重曹，蛍光灯，ヨウ素液，自作LED光源，スライドガラス，カバーガラス，顕微鏡など

　オオカナダモに光を十分当てているのに，ヨウ素液をかけて顕微鏡で観察しても，青紫色の部分がない…。植物プランクトンに光を当て，ヨウ素液をかけるときれいな青紫色の葉緑体が観察できますが，やはり葉の形をしたオオカナダモで観察したいものです。

　オオカナダモは高温になると光合成が活発でなくなるので，温度を上げないLED光源や，ヨウ素液の濃度などの工夫を紹介します。

① 光合成に必要な二酸化炭素を準備する

　オオカナダモは水中から二酸化炭素を取り入れます。したがって，水中に二酸化炭素を溶かし込む必要があります。ここでは，重曹（Na_2CO_3）を溶かします。炭酸水を使う方法も考えられますが，オオカナダモは弱アルカリ性を好みます。重曹を水に溶かすとアルカリ性を示すので，オオカナダモにとって好都合です。水道水500mLに重曹を5g溶かした約1％の重曹水溶液とオオカナダモをペットボトルに入れてしっかり蓋をします。ただし，約1％の重曹水溶液はオオカナダモにとって濃いようです。観察が終わったら，オオカナダモを水洗いしてください。

> **コツ！**
> 　重曹を使うことで，二酸化炭素を供給しながらもアルカリ性の環境を準備することができます。

② 光源を準備する

　最も手軽な光源は日光です。しかし，直射日光は冬場でもオオカナダモが温められてしまうくらいの強さがあります。温度が高くなると，光合成が盛んではなくなりますので，長時間光を当てる必要があるこの実験にはオススメしません。日光以外の光源は蛍光灯が考えられます。蛍光灯も熱をもちますが，少し離して光を当てるなど温度が上がりにくい工夫が必要です。

　光は6時間程度当てる必要があります。そこで，最もオススメなのは温度が上がりにくいLED光源です。農業用に市販されているLED光源もありますが高価なので，自作する方法を紹介します。

　光合成ではデンプンを作るのに660nm付近（赤）の波長光，茎を伸ばすのに450nm付近（青）の波長光（参考文献1）が使われるようです。この波長に近いLEDがインターネットなどで市販されています。

　次の回路図は，赤と青でそれぞれ並列に組んだ植物用光源装置です。赤LEDはOptoSupply社のOSR7CA5111A，青は同社OSUB5111A-STを使用しています。450nmの青LEDは入手しにくいので，近い波長の470nmLEDで代用しています。

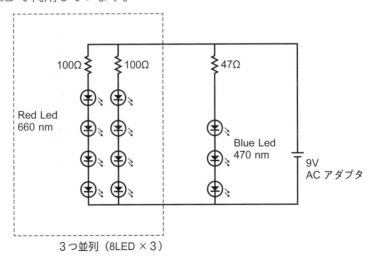

3つ並列（8LED×3）

次の写真は，回路図から，青（470nm）1個のまわりに赤（660nm）8個，で1つのユニットとして，3ユニットを基板に並べた光源装置の作製例です。写真のように基板に固定できなくても LED を点灯させ，オオカナダモに当てれば，同様の実験ができます。

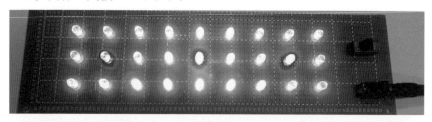

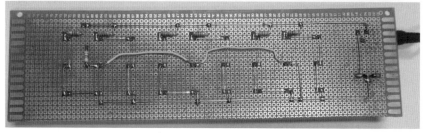

コツ！

　LED 光源が準備できると，オオカナダモの温度が上がりにくいため成功率が高くなります。

---

③ 葉を処理して顕微鏡観察する

　①の重曹水の中で光合成をさせたオオカナダモの葉を，80℃以上のお湯に1分間浸します。これで葉が柔らかくなり，ヨウ素液が細胞内に染み込みやすくなります。葉を選ぶときは，先端の部分の葉の方がよいでしょう。

　以前はエタノールで脱色する工程もありましたが，デンプンも一緒に抜けてしまうことがあります。オオカナダモならお湯の処理だけでも十分です。

お湯で柔らかくしたオオカナダモの葉を市販のヨウ素液（0.1mol/L）を水道水で4倍に薄めて浸します。光合成が十分行われていれば，p.98の写真のように肉眼で見てもヨウ素デンプン反応が行われていることがわかります。ただし，ヨウ素液の濃度は実際に観察して調整するとよいでしょう。

　観察は肉眼で見て，ヨウ素デンプン反応がある場所を中心に低倍率で観察した後，高倍率にします。葉の中央に「すじ」のような部分があり「中肋」と呼ばれています。この周囲の葉緑体が盛んに光合成をしています。

中肋の周辺（100倍）　　　　ヨウ素液で染まった葉緑体（400倍）

コツ！

　お湯で柔らかくしたオオカナダモの葉にヨウ素液を薄めて使うと青紫色の葉緑体が観察できます。

Point!

❶光合成に必要な二酸化炭素は重曹を水に溶かすことで供給する。

❷光源は LED などを使い，オオカナダモの温度が上がらないようにする。

❸ヨウ素液は薄めて使うと，葉緑体がきれいな青紫色に染まる。

〈参考文献〉

⑴文部科学省「光資源を活用し，創造する科学技術の振興―持続可能な「光の世紀」に向けて―」第2章　豊かなくらしに寄与する光　2　光と植物―植物工場
　http://www.mext.go.jp/b_menu/shingi/gijyutu/gijyutu3/toushin/attach/1333537.htm

㉓ 「植物スライサー」で薄い切片を手軽に

準備物：両刃かみそり，下敷き，ペットボトルキャップ，ビーカー，スポイト，ツバキの葉，赤のマジックペン，ツユクサの茎，セイタカアワダチソウの茎，アスパラガスなど

　植物の葉や茎の断面を生物顕微鏡で観察するには，薄く光が透過しやすい切片が必要です。しかし，薄く切るのは大変困難です。

　そこで，かみそりを動かして薄くする方法から逆の発想で，植物を動かすことで薄い切片を作る方法を紹介します。

① 植物スライサーを作る

　下敷きなどのプラスチック板を 4 cm × 6 cm に切り取り，下の図のように 1 cm × 3 cm の「窓」を開けます。

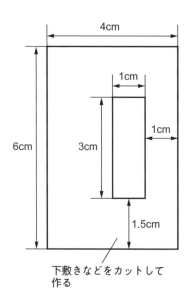

下敷きなどをカットして
作る

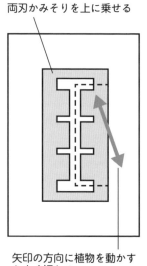

両刃かみそりを上に乗せる

矢印の方向に植物を動かす
とよく切れる

このプラスチック板をペットボトルキャップの上に乗せ，その上に両刃か
みそりを置きます。次の写真では，小さな磁石を上下に挟んで，かみそりを
固定していますが，使い慣れてきたら磁石はなくても指で押さえれば大丈夫
です。

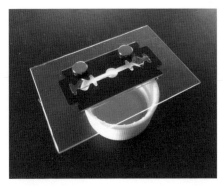

　ペットボトルキャップに水をためて，p.100の右図のようにかみそりの刃
に対して，斜めの方向に植物を動かして使います。かみそりの刃とプラスチ
ック板の窓との間のすきまを広げたり狭めたりすることで，切片の厚さを調
節することができます。力の加え具合や動かす速さを調節しながら，植物を
切っていくと，何枚かに1枚は大変薄い切片ができます。
　本観察の切片はすべて，このスライサーを使って作りました。

コツ！
　両刃かみそりとプラスチック板のすきまや力の加え具合，動かす速さを調節
して何枚か作ると偶然薄い切片が生まれます。

---

② 茎の断面を観察する

　単子葉類と双子葉類，それぞれの茎の切片を作って比較する観察がよく行
われます。単子葉類では，ツユクサが野草として手に入りやすいのでオスス
メです。次：左の写真は，ツユクサの茎の断面を40倍で観察したものです。

ツユクサは根から離れた部分が柔らかいので，薄く切りやすいです。

　野菜では，アスパラガスが食紅液をよく吸うので使いやすいと思います。市販のアスパラガスは，切った断面が乾燥している場合があるので，アスパラガスを水中に沈め，カッターで根元を少し切ると水の吸い上げが良くなります。下：右の写真のようにアスパラガスは茎が太いので顕微鏡を使わなくても，道管が分布している様子が肉眼でわかります。

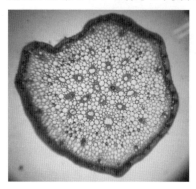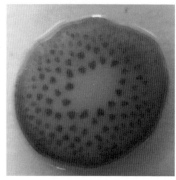

　双子葉類としては，セイタカアワダチソウが野草として手に入りやすいです。ツユクサ同様に，茎の先の方なら柔らかいので，植物スライサーで薄い切片を作りやすいです。

　茎が枝分かれしているところは維管束が複雑になるので，枝分かれがない部分を3cm程度切って，植物スライサーで薄くしていきます。茎の輪郭は歪な形をしていますが，維管束はほぼ輪状に並んでいるのが観察できます。

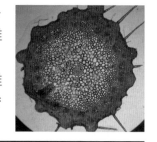

　野菜では，ブロッコリーなどが使われますが，維管束が輪状というより，「星形」に近い形で並んでいるので考察が少し難しくなるかもしれません。

コツ！

　茎の断面は野草であればツユクサと，セイタカアワダチソウが手に入りやすく観察しやすいです。

③ 葉の断面を観察する

　ツバキなど厚めの葉を使っても，切るときに葉
が変形しやすく，茎よりも切片が作りにくいです。
また，知識のない状態で葉の切片を見てもどちら
が表か裏か区別がつきません。

　そこで，葉の切片を作る前に，葉の表にマジックペンで色を塗っておきま
す。赤や青がわかりやすいです。その後，5 mm ×10mm 程度に切った葉
を植物スライサーで薄くしていきます。切片を顕微鏡で観察すると，薄くて
もマジックを塗った部分が確認でき，表であることがわかります。

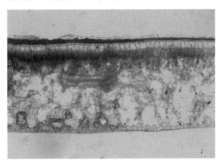

ツバキの葉の断面（表面（上側）を青マジックペンで着色）

> **コツ！**
> 　葉の表がわかっているうちに，表をマジックペンで塗っておくと顕微鏡観察
> のときにどちらが表かはっきりします。

Point!

❶植物スライサーで素早く動かすと，何枚かに1枚は薄い切片ができる。

❷薄い切片は水の中で扱うと破れにくい。

❸葉の断面は切片を作る前に，表にマジックペンを塗っておくとよい。

24 マツの雌花の胚珠を観察しやすく

準備物：マツの雌花（１年目の雌花，２年目の雌花），松かさ（３年目の雌花），ピンセット，ルーペなど

　マツなどの裸子植物は花が咲き，種子ができます。しかしながら，被子植物の花のように色鮮やかな花弁があるわけではなく，鱗片に胚珠や葯がついています。被子植物との違いとして胚珠がむき出しであることを観察したいところですが，マツの雌花は一つひとつが小さいので観察しにくいのが現状です。

　そこで，２年目の雌花や松かさ（３年目の雌花）との比較から観察を深めていく方法を紹介します。

① マツの雌花を準備する

　１年目の雌花（上：左の写真）は枝の先端についています。赤っぽい色で数 mm の大きさです。これを解剖，観察するのは大変困難です。そこで，２年目の雌花（右の写真）を準備します。松かさより一回り小さく緑色のものが多く，枝の途中についていることが多いようです。

② 手とピンセットを使って解剖する

　マツの雌花は雄花も同様ですが，鱗片1つ分が1つの花になります。次の写真のように1年目の雌花を解剖して，1つの雌花を取り出そうとすると，鱗片の一つひとつがとても小さいので大変苦労します。また，胚珠がついていますが，小さいので肉眼での観察が難しいです。

　胚珠は，受粉した花粉から運ばれてきた精細胞と受精すると種子になります。目に見える変化としては，1年目の雌花は受精すると全体的に大きくなり始めます。

　1年目の雌花では，胚珠がついている部分の観察が難しいので，2年目の雌花を使います。場合によっては，受精後2ヶ月くらいで緑色になり，2年目と同じくらいの大きさになることもあるようです。

　右の写真のように，2年目の雌花を真ん中より少し上を「折る」感じで2つに分けます。

　すると，一つひとつの雌花が剥がれやすくなります。胚珠から種子になっ
た部分がはっきり観察できます。

コツ！

　最初は「折る」ように分解していくと，鱗片が剥がしやすくなります。

---

③ 松かさの種子と雌花の胚珠を比較する

　３年目の雌花は，松かさ（まつぼっくり）と呼
ばれています。３年目になると色も変わり，濃い
褐色になってきます。この頃には花粉がついた胚
珠が成熟し，堅い種子になっています。

　松かさは水に触れると，右：上の写真のように
鱗片を閉じる性質があります。乾燥すると右：下
の写真のように広がります。右：下の写真（左）
の松かさのように鱗片がしっかり開いているもの
は，種子がすでになくなっているものが多いよう
です。一方，写真（右）のように鱗片が開ききっ
ていない松かさは種子が残っている場合が多いの
で，種子を採取できる可能性が高まります。

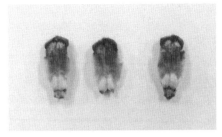

2年目の雌花と若い種子　　　　　3年目の雌花（松かさ）と種子

　右の写真のように，種子には「羽根」がつい
ており，遠くに運ばれやすくなっています。羽
根がついた種子を手で持ち上げて離すと，ゆっ
くり落ちる様子を観察できます。

　また，胚珠と種子の色や堅さなどの比較をし
ながら観察を進めるとよいでしょう。

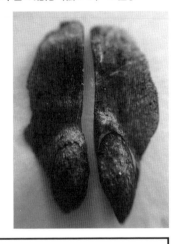

コツ！
　2年目の雌花と松かさを比較しながら観察すると，胚珠から種子への変化を
含めた理解が深まります。

Point!

❶１年目の雌花は小さいが，２年目の雌花は大きく観察しやすい。

❷雌花を一つひとつ剥がすときには，最初「折る」ような感じで雌花を２つ
　にして，その後で鱗片を剥がすようにする。

❸松かさを含めて雌花の３年間の変化を観察すると，学習が深まる。

25 動いているシダの胞子のうを 授業の中で観察

準備物：イヌワラビなどシダの胞子葉，エタノール，スポイト，顕微鏡，スライドガラス，ピンセットなど

　シダ植物は，花が咲かず胞子で増えます。その胞子は，葉の裏でダイナミックなドラマを展開しています。葉の裏にある胞子のうが弾けるとき，胞子のうはまるで「ピッチングマシーン」のような働きをして，胞子を旅立たせます。しかし，顕微鏡でそのまま観察しただけでは，動いている胞子のうをなかなか見つけられません。

　そこで，授業の中で観察できる工夫を紹介します。

① シダの胞子葉を準備する

　野草としても，様々な場面でシダ植物を見ることができます。

　特にイヌワラビは都市部でも公園の日陰などで見られ，手に入りやすい植物です。しかしながら，葉の裏に胞子がついている「胞子葉」は少ないかもしれません。

胞子葉の表

胞子葉の裏

p.108の写真のような胞子葉を見つけたら，根ごと採取して水を与えておけばしばらくはもちますが，胞子葉だけしかとれなかった場合，根からの水分供給がないと，種子植物に比べてかなり早く乾燥してしまいます。そのため，採取したらすぐに，チャックつきビニル袋に保存しておきます。

コツ！
　シダの胞子葉は乾燥に弱いので，チャック袋などに密封しておきます。

---

② 脱水をエタノールで行う

　胞子葉の一部を切り取ってスライドガラスに乗せ，生物顕微鏡で観察します。「薄い切片で光を透過させる」イメージがありますが，胞子葉ごとスライドガラスに乗せ，ステージの上から懐中電灯などの光を当てる方法で十分観察できます。昼間であれば，実験室内の照明でも観察できます。

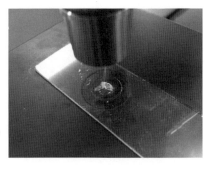

　この方法は，低倍率の対物レンズを使うことで，スライドガラスと対物レンズの間に距離があることを利用した観察です。次の写真は胞子葉の裏を左40倍，右100倍で観察したものです。

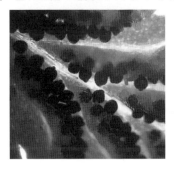 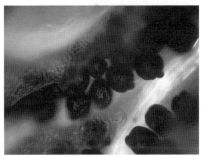

この状態で胞子のうを乾燥させると，胞子のうから胞子が飛び出す様子が観察できます。乾燥させる方法として，ドライヤーや白熱電球を使う方法がよく紹介されていますが，ここではエタノールの脱水作用を利用します。

　スライドガラスに乗っている胞子葉の上からスポイトなどでエタノールを２滴程度滴下します。すると，胞子のうから胞子が飛び出す様子が観察できます。

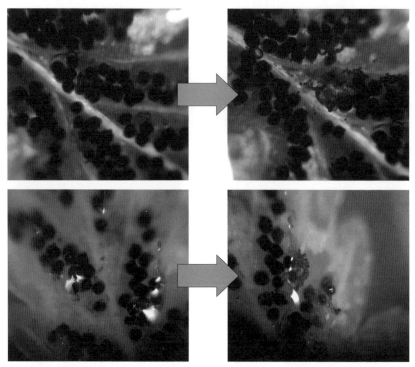

エタノールを滴下してから10秒程度で，胞子のうが開き始めます。

コツ！

　胞子のうを乾燥させる方法として，エタノールの脱水作用を使います。

---

③ 胞子のうだけを観察する

　胞子葉からピンセットなどで胞子のうだけを剥ぎ取り，スライドガラスの上に乗せます。そこに②の操作同様エタノールを滴下すると，胞子のうが開く様子が観察できます。

　ただし，②のときに比べてエタノールを滴下したときに，胞子のうが流されるため，なるべくエタノールはスライドガラス上の胞子のうから離れた場所にそっと滴下するとうまくいきます。

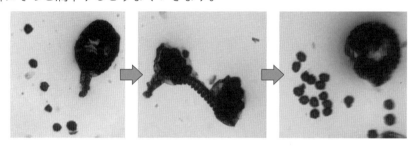

　胞子のうが開いてから，「投げる」ような動作を行って再び閉じるまでの動きが20秒前後の間に行われます。

コツ！

　胞子のうがたくさん見える位置にスライドガラスを動かしておき，胞子のうから離れたところにエタノールを滴下します。

Point!

❶胞子葉は乾燥に弱いため，チャック袋に入れて密封する。

❷胞子のうを乾燥させるために，エタノールの脱水作用を使う。

❸胞子のうが胞子葉にくっついている状態でも，エタノールをかければ観察が可能である。

(26) 観察の視点を深める！ 身近な生物の解剖

準備物：イカ（スルメイカなど。冷凍でもよい），解剖バサミ（なければ先が丸みを帯びた普通のハサミ），解剖用トレイ，スポイト，しょうゆ，ピンセットなど

イカの解剖はセキツイ動物の解剖に比べれば，抵抗感をもつ生徒が少ないようです。また日常生活でもよく見かけ，市販のイカを料理した経験がある生徒もいるくらい身近な観察です。さらに，ヒトの体のつくりと比較して，似ている点も多いことから，観察後の話し合い活動の深まりが期待できます。

ここでは，イカとヒトが似ている部分である「消化管と眼球」をはじめ，解剖についてのポイントを紹介します。

① イカの胴体（外套膜）を切り開き内臓を観察する

イカの解剖は，イカをトレイに乗せたときの「表と裏の向き」が大切です。「エンペラ」という先端についているヒレをトレイに密着させた状態で置くと解剖がしやすくなります。

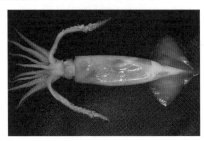
この向きで解剖する

裏表逆

表裏が逆ですと，内臓が胴体にくっついている部分にハサミを入れることになり，内臓を傷つけやすくなります。胴体部分を「外套膜」と言いますが，これを解剖バサミで切り開きます。解剖バサミは，先端が丸くなっている方

が内蔵側に向くようにします。解剖バサミがなければ，先端が丸みを帯びているハサミで代用することも可能です。

コツ！

　イカを置くときは，エンペラをトレイに密着させることで裏表を間違えなくなります。

---

② イカの消化管のつながりを観察する

　外套膜を開くと，イカの内臓が観察できます。

　イカの特徴として，心臓が3つあることが挙げられます。エラの根本にある筋肉のかたまりがエラ心臓です。

　イカの内臓を観察してもどこが消化器官であるか見た目での判断は難しい部分があります。そこで，口から液体を流して消化器官のつながりを確認します。使う液体は，「しょうゆ」をオススメします。

絵の具などの色水の場合，食品にかけることに抵抗感をもつ生徒が多くいます。しょうゆであれば，イカの「調味料」として違和感がありません。また，内臓の中を流れていくときに，色もはっきりわかります。

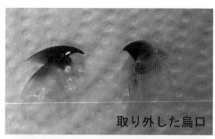

取り外した烏口

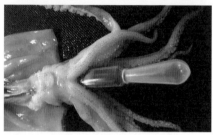

　10本ある足の付け根の中心に「烏口」というイカの口があります。ここに硬い角質の「くちばし」が2枚ついています。まずは，これをピンセットなどで取り外してください。その後，スポイトでしょうゆを入れます。スポイトの先を烏口から2cm以上手ごたえがあるまで入れ，しょうゆを流し込むところがポイントです。すると，しょうゆが食道を通り，胃の中に入っていく様子がはっきり観察できます。

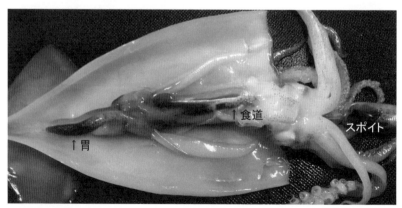

↑食道

スポイト

↑胃

コツ！

　イカの烏口を取り外し，スポイトを手ごたえがあるまで差し込むと，消化管にしょうゆが流れる様子が観察できます。

③ 目を解剖してヒトの目の構造と比べる

　イカの目は，外套膜と足の間に2つあります。眼球の周囲にハサミで切り込みを入れて取り出します。眼球は視神経でからだとつながっているので，取り出しにくいときには，視神経をハサミで切ります。取り出した目を指で押すなど強い力を加えると，眼球を満たしている液が飛び散ることがあります。水晶体を取り出すときは，ハサミなどで少し切り目を入れてから中を観察することで防げます。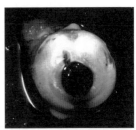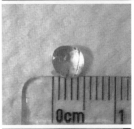

　イカの目は外見から「白目と黒目」がわかるように，ヒトの目に似ている部分がいくつかあります。水晶体の位置や網膜など，授業で学習したヒトの目の構造と比較しながら観察するとよいでしょう。水晶体だけ取り出して水洗いをし，印刷された文字の上に置くと，文字が歪んで見える様子が観察できます。このことから，水晶体が「レンズ」であることがわかります。

コツ！
　ハサミで眼球の外に切り込みを入れておくと，飛び散ることがなくなります。

Point!

❶解剖するときに，イカの裏表を間違えないようにする。
❷消化管にしょうゆを入れるとき，スポイトは手ごたえがあるまで差し込む。
❸消化器官や眼球はヒトとの共通点が多くあり，ヒトとイカとの違いや似ているところを比較しながら進めると観察が深まる。

㉗ 分裂途中の植物細胞を確実に手に入れる

準備物：タマネギやネギの種，タマネギ，キッチンペーパー，トレイ，アルミホイル，ザル，水槽，エアーポンプなど

　生物が成長するときには「細胞が分裂して細胞の数が増え，それぞれの細胞が大きくなっていく」というプロセスがあります。ここで，分裂している途中の細胞を観察することができればその証拠になります。

　しかしながら，この観察は「分裂途中の細胞が観察できなかった」という場合が多いようです。そこで，植物の根の成長点の細胞を使って，より多くの生徒が分裂途中の細胞を観察できるようにする工夫を紹介します。

① 種から生える根を手に入れる

　安価で手間が少なく，大量の根が必要な場合には種を使う方法がオススメです。根を発根させるには，黒っぽいトレイの上に，水を含ませたキッチンペーパーを敷いて，その上に種をまきます。

光が当たらない方が発芽しやすいので，アルミホイルを上に被せておきます。Ａ４ほどの大きさであれば，１つのトレイで200個以上の種を栽培することができます。

　細胞分裂の観察でタマネギの根を用いることが多いのは，染色体の数が2n=16と植物の中で比較的少ないため，染色体が重なりにくく並んでいる様子を観察しやすいためです。ホームセンターなどで種が市販されていますが，タマネギの種よりもネギの種の方が品揃えは多いようです。細胞分裂の観察を行う上で，ネギとタマネギの差はほとんどありません。

　気温が25℃近辺の時期なら，２〜３日で約５mmの根が生えてきます。分裂像は，根の長さが５mmくらいのときが一番観察しやすいという報告があります（参考文献１）。

　５mm程度の根が生えたら，ピンセットで回収する方法もありますが，次の写真のように，根が生えた種を大量の水と一緒にザルにあけて，一度に回収する方法がオススメです。

┌─────────────────────────────────┐
コツ！
　種は暗所で５mm程度の長さまで育てます。回収するときは，ザルを使って一度に回収すると能率的です。
└─────────────────────────────────┘

② タマネギから生える根を手に入れる

　種から発根した根は細いので，タマネギの鱗茎から生える根を使うと，比較的太い根が手に入ります。鱗茎をそのまま水に浸けるだけでは発根するのに時間がかかりますので，元々ついている乾燥した根をカッターナイフなどで薄く削り取ります。このとき，水中で行うと鱗茎の切り口の組織に空気が入らず発根しやすくなります。

　その後，「水栽培」のかたちで発根させます。根にも酸素が必要であるため，エアーポンプで水に空気を送ることがポイントです。なお，セットした翌日は水が黒くなる場合があります。さらに，においがきつくなる場合があるので，水は毎日取り替える必要があります。

　根が5mm以上になったら，ピンセットなどで回収します。

> **コツ！**
> 　タマネギを水栽培するときはエアーポンプで空気を送り，水の中に酸素が少しでも溶けるようにします。

③ 「時間帯」に気をつけて観察する

　同じ条件で育てた根を使って観察しても，分裂像が見えるときと見えないときがあります。この原因は「何時頃観察したか？」によります。根も生きていますので，1日のうちで細胞分裂が盛んな時間と，そうでない時間があるようです。

　タマネギやネギの根の場合で，実際に調べたところ，気温が25℃付近で上下する季節では，10：30頃と16：00頃の細胞分裂が盛んであることがわ

かりました。

> **コツ！**
> 　根を採取して固定する時間帯は，10:30頃と16:00頃がベストです。

　観察する授業がその時間に行われるとは限らないので，細胞分裂が盛んな時間帯で「固定」した根を使います。最も簡単な方法は，根が種についたまま染色液（酢酸オルセインなど）に浸けることです。染色液は45%酢酸を含んでいることが多く固定・染色が行われます。しかし，染色液の種類を後で選びたい場合には適しません。

　そこで，「ファーマー液」で固定した後「70%エタノール」を使う方法がオススメです。ファーマー液とは，エタノール：酢酸＝3：1で混合した液です。エタノールと酢酸は，使う直前に混合してください。時間が経つとエタノールと酢酸が反応してしまい，液の浸透圧が変わってしまうので，固定する能力が低下します。

　ファーマー液には，1時間程度浸けておきます。その後，ファーマー液を捨てて，水：エタノール＝3：7にした70%エタノールに浸けます。冷蔵庫に保存すれば，半年以内なら，いつでも分裂像が観察できます。冷蔵庫に保存しても，1年経つと核の中の染色体が壊れ始め，分裂像がうまく観察できません。保存した根はその年のうちに使い切ってください。

Point!

❶細胞分裂には酸素が必要（酸素が豊富にある環境で根を生やす）。
❷種から生える根を使うと準備の手間が少ない。
❸根を固定する時間帯は10：30頃か，16：00頃がよい。

〈参考文献〉
⑴半本秀博，2000年，「体細胞分裂の観察を確実に行う簡易染色法と材料の条件」，遺伝，54：50-54

㉘ 植物細胞の分裂像を探しやすく

準備物：育てたタマネギやネギの根，染色液（酢酸オルセイン，酢酸カーミン，酢酸ダーリアなど），スライドガラス，カバーガラス，爪楊枝，顕微鏡など

　生物が成長するときには「細胞が分裂して細胞の数が増え，それぞれの細胞が大きくなっていく」というプロセスがあります。ここで，分裂している途中の細胞を観察することができればその証拠になります。

　「分裂途中の植物細胞を確実に手に入れる」（p.116）で分裂像があるはずの根を準備したのに，分裂像を観察できないことがあります。この原因は，細胞の染色がうまくいっていないことや，分裂像が多くある成長点を探せていないことなどが考えられます。そこでここでは，根の染色方法や成長点を探すコツについて紹介します。

① 染色液の特徴を理解する

　根の細胞や核の中の染色体を顕微鏡で観察すると，透明であることがわかります。そこで，観察しやすいように染色します。染色液は，液体のものを購入する方法と，色素の固体粉末を購入して45％酢酸に溶かして使う方法があります。染色液ごとに，次に挙げるような特徴があります。

◎酢酸オルセイン…赤に染まる。長期間染色しても，細胞質があまり染まらないので，核と細胞質とのコントラストがよく鮮明な分裂像が観察できる。細胞分裂の観察では一番オススメする染色液である。

◎酢酸カーミン…オルセインと共に教科書などで紹介されている。オルセインよりも染まり具合が薄い傾向がある。オルセイン同様，赤に染まる。

◎酢酸ダーリア…青に染まる。染色液と塩酸の混合液を使って，柔らかくする操作も同時に行う方法（p.119の参考文献1）が知られている。しかし，

時間を根の太さなどに合わせて管理しないと細胞質まで染まってしまうので難易度が高い染色液である。

◎酢酸インジゴカーミン…光合成の酸素の検出などに使われるインジゴカーミン粉末0.5g を45%酢酸100mL に溶かして使う。この粉末は他の色素に対して比較的安価である。細胞質まで染まりやすいので染色時間の管理が難しい。

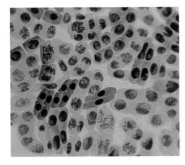
酢酸オルセインで染色

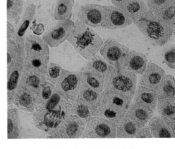
酢酸ダーリアで染色

　染色操作の失敗として，十分な時間漬けているのに染色されない場合があります。原因の一つは「染色液の鮮度」です。染色液は，褐色ビンに入れて遮光保存しても１年経てば，色素がかなり分解されています。特に古くなった酢酸カーミンは染色されにくい傾向があります。理想は毎年新しく買うか，固体の色素を買っておき，年度の初めに準備する方法をオススメします。

> **コツ！**
> 　新しい染色液を使うことです。特に酢酸オルセインがオススメです。

② 根の中心まで染色する

　分裂が終わって細長くなった根の細胞はたくさん観察できるのに，分裂の途中の細胞（成長点の細胞）が観察できないプレパラートをよく見かけます。これは，成長点まで十分に染色されていないことが原因です。根の外側の細

胞が染色されていて，根の中心部にある成長点まで染色液が行き渡っていないことがあります。そこで，次の2つの方法があります。

（A）根をほぐして中まで染色液を行き渡らせる。

（B）染色液に長期間漬け込んで染色する。

　（A）は，根の先端がどこかを見極めてほぐすのがコツです。3％の塩酸をお湯で約60℃に温めて3分間根を漬けます。水道水で1分間水洗いした後，根をスライドガラスに乗せます。根の先端は，染色前の場合，より白っぽい方が先端です。これは分裂直後の細胞が多い成長点は細胞が小さいので，光の乱反射が起きやすいためです。この部分を針などでつつきながら丁寧にほぐします。染色液を少しかけてさらにほぐします。染色液に5分以上触れていないと，なかなか核まで染色されません。

　（B）は，酢酸オルセインや酢酸カーミンに1週間程度漬け込みます。観察直前に3％の塩酸に3分間漬けて柔らかくし，水道水で1分間水洗いしてスライドガラスに乗せます。この方法は，成長点までしっかり染色された根を使うので，鮮明な分裂像を観察できます。観察準備の時間短縮になりますが，染色する操作を体験できないことや染色液を選べないデメリットがあります。

コツ！

　染色がうまくいかない場合は，酢酸オルセインに1週間漬けます。

---

③ 成長点を観察する

　染色までうまくいっても観察できない場合もあります。これは，顕微鏡の視野が成長点以外の細胞で占められている場合です。最初は低倍率で観察し，小さい細胞が多い部分を観察することが大切です。また，細胞が重なり合った状態だと，うまく観察できません。そこで，爪楊枝でカバーガラスの上で円を描くように広げていく方法を用いれば，十分観察できます。

　次の写真は根を潰して広げた様子と，顕微鏡観察の様子です。

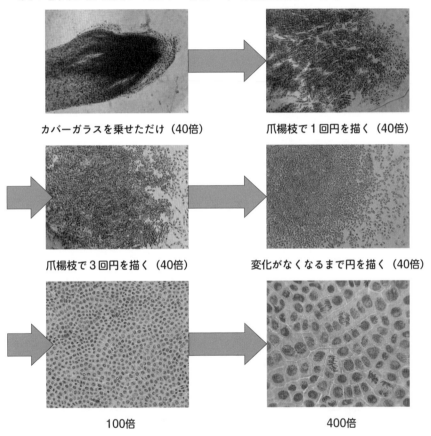

カバーガラスを乗せただけ（40倍）　　　爪楊枝で1回円を描く（40倍）

爪楊枝で3回円を描く（40倍）　　　変化がなくなるまで円を描く（40倍）

100倍　　　　　　　　　400倍

Point！

❶染色液は1年以内の新しいものを使う。自分で調整すると安価。

❷酢酸オルセインなら染色液に1週間漬ける方法が良好。

❸カバーガラスの上から爪楊枝で円を描くように細胞を広げるとよい。

(29) 花粉管が伸びる様子を授業時間内に

準備物：ホウセンカなどの植物，寒天，砂糖，プラスチックケース，シリカゲル，顕微鏡，スライドガラス，カバーガラスなど

　花粉管の観察は，見た目には動かない植物も，生きていて動きがあることを実感できるよい機会です。ぜひ花粉管が伸びる様子を観察させたいところです。しかし，花粉管が出るまでに時間がかかり，放課後や次の授業で結果を見せる場合も多いのではないかと思います。

　そこで，花粉管を授業時間内に素早く観察する方法を紹介します。

① ホウセンカを授業の2ヶ月前から育てる

　どの植物の花粉を使うかが大きなポイントです。身近な植物で，花粉管が発芽するまでの時間が短いのはホウセンカです。条件が良ければ1分程度で花粉管が出ます。ただし，野草としてたくさん見られるものではないので，種から栽培する必要があります。

　気温や日照にもよりますが，ホウセンカが花をつけるのに約2ヶ月かかります。ホウセンカの種は他の植物に比べると，ホームセンターなどであまり

見かけません。小学校では，教材として３年生で使いますので，近隣小学校との連携も１つの方法ではないかと思います。

　ホウセンカは，花の色によって花粉の発芽率が違います。実際に調べたところ，紫色の花が最も高く，次に桃色と赤色です。白花は他の色の花に比べて低いようです。

　ホウセンカ以外の野草では，アカツメクサが花粉管を出しやすい植物です。時間としては，10〜20分で花粉管が出ます。シロツメクサもありますが，花粉管が出るまでに20分以上かかります。

コツ！
　花粉の観察は，ホウセンカが便利です。特に紫色の花の花粉が適しています。

---

② 空気で花粉を発芽させる

　花粉管を伸ばすには，「柱頭についた」と花粉に「思わせること」です。そのために必要なのは，空気と水分と糖分です。ホウセンカの場合，10％のショ糖水溶液を使います。スライドガラス上でこぼれず，観察がしやすいように，ショ糖水溶液を寒天で固める方法がオススメです。

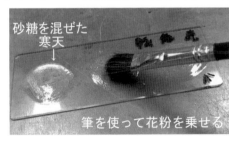
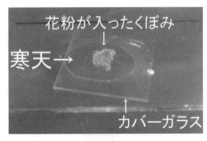

　カバーガラスですが，かけない方が発芽率は良いようです。

　花粉が寒天の中に埋没してしまうと，途端に発芽率が下がります。そのため，高倍率での観察に備えてカバーガラスが必要な場合は，花粉管を伸ばしてからカバーガラスをかけるか，上：右の写真のように寒天にくぼみをつけ，

その中に花粉を入れて，カバーガラスで蓋をして観察します。

> **コツ！**
>
> 　寒天や水の中に埋まっている花粉は，発芽率が悪くなります。花粉は空気に触れている部分が必要です。

③ 花粉を花ごと冷凍しておく

　実験室を使う授業の重なり合いなどで，教科書の授業の順番を変えている学校は，ホウセンカの花の季節（7〜9月）に観察ができない場合もあります。そのときは，花粉を花ごと冷凍保存しておく方法があります。

　花粉の冷凍は，リンゴ農家などで一般的に行われており，花の種類ごとに冷凍の方法が異なります。ホウセンカの花粉は，葯から花粉が離れた瞬間に弱り始めます。そのため，がくを含めた花ごと冷凍保存します。

　保存する容器は，フィルムケースなどの密閉できるプラスチックケースが適しています。次の写真のように，ケース内に乾燥用のシリカゲルを少し入れ，その中にホウセンカの花を入れます。

解凍した花

　冷凍から解凍までで，花粉の発芽率を下げないようにするには，温度変化をゆっくりさせることがポイントです。そこで，5℃の冷蔵庫で24時間

「予冷」してから，－20℃の冷凍庫に入れます。

　解凍は，冷凍庫から出してすぐに５℃の冷蔵庫に入れます。24時間後，花から花粉を取り出して，寒天の上に置けば花粉管が発芽します。

　解凍した花粉は，冷凍前のような「元気」はありませんが，しっかり生きています。右の写真は，１ヶ月間冷凍庫に入れた花を，24時間冷蔵庫に入れて解凍し，室温に戻した後，10％のショ糖水溶液寒天上で発芽させた花粉です。

　通常の花粉は１分もしないうちに花粉管が伸びますが，冷凍して解凍させた花粉は，４分後に発芽し始めて，写真の状態になるのに15分かかりました。

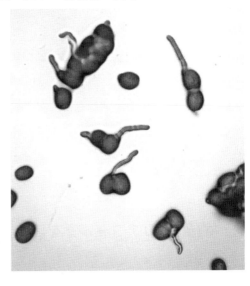

コツ！

　花粉は花ごと冷凍します。冷凍と解凍は，温度変化がゆっくりになるように，24時間かけて行うのがポイントです。

Point！

❶花は，ホウセンカか，アカツメクサがよい。
❷花粉は，砂糖水の寒天の上に置き，空気と触れ合っていると発芽率が高い。
❸花粉の冷凍は花ごと行い，冷蔵庫で予冷して冷凍し，解凍も冷蔵庫で行う。

㉚ 遺伝の法則をモデルで理解

準備物：クリアフォルダ（透明と黄色），緑色のマジックインキ，Ａ４の白紙，カッターナイフ，カッター台など

　遺伝の学習は，中学校現場では実験で検証するのが困難なことや，遺伝子を記号として扱うことなどもあり，難易度の高い単元です。

　そこで，遺伝子の記号をモデル化し，遺伝の法則を少しでも理解しやすいようにした教具の例を紹介します。なお，ここでは優性を「顕性」，劣性を「潜性」とする新しい表現を使っています。

① 材料はクリアフォルダを使う

　本モデルはスチロールコップでも作製可能ですが，色をつけたり保存したりすることを考えると，書類を入れるクリアフォルダを使う方法が便利です。

　顕性の形質を表すカードは有色，潜性の形質を表すカードは無色透明のものを使います。メンデルの法則を学習するときには，エンドウマメを例に扱います。顕性を表すカードの色は何色でもよいのですが，マメの子葉の色の場合，黄色の子葉が顕性で，緑の子葉が潜性なので，黄色と透明のクリアフォルダを使う例で紹介していきます。

　このモデルでは，父方，母方の２枚のカードを重ねて１つの形質を表現します。カードを重ねたときのカードの色の見え方が形質の現れ方になります。

　黄色（顕性）を２枚重ねると，もちろん黄色です。顕性の有色カードに潜性の透明カードを重ねても黄色になります。したがって潜性の形質は，潜性の透明カード２枚で初めて透明（潜性）が出現するというしくみです。

　黄色のカードには「Ａ」，透明のカードには「a」の記号を書いておきます。「a」を緑色のマジックインキで書いておくと，緑の子葉をイメージし

やすくなります。

　Ａ４のクリアフォルダを使う場合，5cm×7cmの大きさに切ると，次の写真のように無駄が少なくなります。また，カッターマットが目盛つきであるとさらに作業効率が向上します。

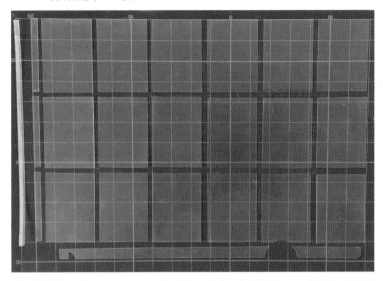

　色つきと透明のクリアフォルダの組み合わせを使うと，顕性，潜性のどちらの形質が現れるか見てすぐにわかります。

② 交配シートを作る

　次のような表形式のカードを置く台紙（以下：交配シート）を作ります。

父方　　　　　母方	母方の片方のカード	母方の片方のカード
父方の片方のカード	できる子ども	できる子ども
父方の片方のカード	できる子ども	できる子ども

　紙幅の都合で，縦方向に縮小した例を掲載していますが，「できる子ども」のカードを置く部分のマスの大きさは5cm×7cm以上になるように作成してください。

③ 交配シートを使って子どもや孫の世代を再現してみる

　このモデルでは，純系 AA と純系 aa の子どもの代はすべて「Aa」となることや，その孫の代は AA：Aa：aa の比が１：２：１になることなどを確かめることができます。ここでは，孫の代について解説します。

　孫の代は「Aa」と「Aa」を交配させますので，「片方のカード」置き場に「A」と「a」をそれぞれ右：上の写真のように置きます。ここで，「A」と「a」をそれぞれ分ける動作が「減数分裂」にあたります。

　このとき，「A」「A」「a」「a」の４枚のカードがあれば，進めていくことが可能です。「A」「A」の２枚のカードを右：下の写真のように「できる子ども」のマスに平行移動させる形で動かせば，「AA」の遺伝子をもつ子どもができることがわかります。

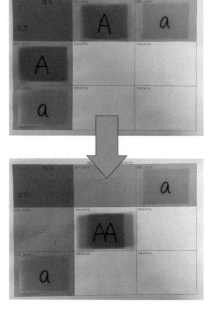

　２枚重ねたカードは黄色なので，黄色の子葉を持つ子どもができます。しかし，このように実際にカードを動かして交配し，１つずつノートに記録していく方法は，生徒によっては理解が困難な場合があります。

　そこで，次の写真のように「できる子ども」の４つのマス以外にもカードを置くようにすると理解できる生徒が増えます。

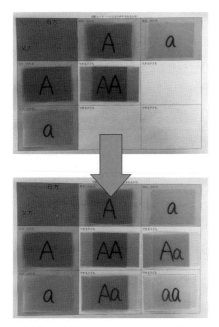

　最初のうちは，この方法で交配シートにできた子どもの形質をノートに記録するとよいでしょう。慣れてくれば，4枚を平行移動させる方法で，理解できるようになってきます。

コツ！
　「A」「A」「a」「a」だけでなく，2枚重ねで「AA」「Aa」「Aa」「aa」を作る8枚のカードを追加すると理解できる生徒が増えます。

Point!

❶「色つきシート」と「透明シート」の組み合わせで，顕性と潜性を表現する。

❷交配シートで減数分裂もモデルで学習できる。

❸工夫次第で「色の形質」以外の遺伝にも使用できる。

【著者紹介】

野田　新三（のだ　しんぞう）

「本に書いてある通りに準備して実験しても，うまくいかない！」ことを解決する方法を紹介するサイト「This is の田（http://shinzo.jp）」を運営する。

大阪に生まれ，小さい頃から不思議に思うことを確かめるためにいろいろな実験やものづくりを行ってきた。小学生のときにはハンダごてが床に落ちたことに気づかず，家のカーペットを焦がして親に怒られた。中学生のときには，コンセントにつながったままの電源ケーブルをニッパーで切りショートさせ，大きな火花と共に溶けたケーブルの銅が，ニッパーに食い込むなど，失敗を繰り返す子ども時代を送った。

高校生のときは紆余曲折を経て，文系クラスに所属していた。将来は古典を勉強するコースを考えていたが，体内に流れる「理系の血」を否めず，理科の教員をこころざし，大学に進んだ。

大学生のときに所属した研究室では「人のまねをするな」という教えと共に半導体と光触媒に関する研究を行った。

現在は，これまでの経験の中で学んだことをもとに，理科という教科は「問題解決能力を身につけると共に，いろいろな発想を学ぶ教科である」と考えるようになった。

監修した書籍に『自由研究　中学生の理科 New ベーシック』『自由研究　中学生の理科 New チャレンジ』永岡書店がある。

中学校理科サポートBOOKS

コツがわかればうまくいく！

中学校理科の観察・実験

2020年4月初版第1刷刊 ©著　者	野　田　新　三	
発行者	藤　原　光　政	
発行所	明治図書出版株式会社	

http://www.meijitosho.co.jp

（企画・校正）赤木恭平

〒114-0023　東京都北区滝野川7-46-1
振替00160-5-151318　電話03(5907)6701
ご注文窓口　電話03(5907)6668

＊検印省略　　組版所 株式会社木元省美堂

Printed in Japan　　ISBN978-4-18-318321-7

もれなくクーポンがもらえる！読者アンケートはこちらから　→